一本书读懂元宇宙

메타버스 비긴즈

[韩]李丞桓(이승환) 著 王家义 译

中国出版集团
中 译 出 版 社

图书在版编目（CIP）数据

一本书读懂元宇宙 /（韩）李丞桓著；王家义译
. -- 北京：中译出版社，2022.1
ISBN 978-7-5001-6853-9

Ⅰ.①一… Ⅱ.①李… ②王… Ⅲ.①信息经济
Ⅳ.① F49

中国版本图书馆 CIP 数据核字 (2021) 第 248713 号

北京市版权局著作权合同登记号
图字：01-2021-7059

出版发行：中译出版社
地　　址：北京市西城区新街口外大街 28 号普天德胜大厦主楼 4 层
电　　话：010-68359719
邮　　编：100044
电子邮箱：book@ctph.com.cn
网　　址：www.ctph.com.cn

策划编辑：刘香玲　于　宇　张　旭
责任编辑：刘香玲　于　宇　张　旭
文字编辑：张莞嘉　赵浠彤　张程程　薛　宇　方荟文　龙彬彬　黄秋思
营销编辑：毕竟方　吴一凡　杨　菲
特约编辑：刘俊奕　熊紫月　于诗佳　岑玉雪　胡晓楠　王　珺　韩　强
版权支持：马燕琦　王立萌
封面设计：东合社－安宁
排　　版：冯　兴

印　　刷：北京顶佳世纪印刷有限公司
经　　销：新华书店
规　　格：710mm×1000mm　1/16
印　　张：12
字　　数：160 千
版　　次：2022 年 1 月第 1 版
印　　次：2022 年 1 月第 1 次

ISBN 978-7-5001-6853-9　　定价：59.00 元

推荐词

本书阐述了韩国成为元宇宙时代全球引领者之一的具体方法。强烈推荐给准备在元宇宙时代寻找机会的你们。

——郑亨洙（音译），英国曼彻斯特城市大学特聘教授，IAITI（国际沉浸式技术创新协会）主席，国际 AR · VR 会议主席

这是一本逻辑性强、从概念到战略系统阐述元宇宙的著作。此书以严谨的研究和调查结果为基础，兼具学术性与实用性。作者向我们传递着这样的信息：在如此沉闷的现实中，希望个人、企业和国家通过元宇宙创新来探索希望之路。

——张永勋（音译），北京理工大学经济管理学院教授

本书解答了关于元宇宙的一个又一个疑问，使人们不知不觉沉浸在元宇宙的喜怒哀乐之中。元宇宙的光芒与阴影同在，组织与个人同行。本书教你如何在虚拟与现实两个不同的世界中抓住中心。

——裴顺汉（音译），韩国 Deloitte 安真会计（事务所）法人理事

本书给人一种信心。如果在元宇宙上形成共识，进行创新，就有可能改变世界。把元宇宙的中心放在人上，对经济价值进化进行说明和显示，这种洞察对所有经济体来说都是有益的。对于在元宇宙技术中寻找机会的人来说，这是一本必读之书。

——姜英浩（音译），韩国崇实大学经济系教授

元宇宙是什么、改变什么、要做什么？为什么这是一场革命？本书以众多创新事例及分析为依据，回答了元宇宙的根本问题。革命已经开始，对于在元宇宙的迷雾中徘徊的人们来说，本书是一盏指路明灯。

——朴赞洙（音译），韩国科学技术研究院
创新增长战略研究本部部长

对人们有关元宇宙莫衷一是的期待，本书的阐述通畅明了。作者对元宇宙的洞见是卓越的。

——李准宇（音译），韩国科学技术信息通信部
信息通信企划评价院广播内容 PM

本书准确把握、阐释元宇宙之时代脉搏，以丰富的创新事例和理论、很强的逻辑性分析为基础，为我们展望了元宇宙的明天。

——姜敏宇（音译），韩国三星经济研究院首席研究员

明天是元宇宙的时代。正如互联网的出现改变了人们的生活一样，由于元宇宙技术的出现，现实与虚拟间的界线消失了，这预示着另外一场革命性的变化。梦想在这种环境中寻找机会与挑战的人来读读这本书吧。

——郑载浩（音译），POSCO 经营研究院研究委员

如果你还不知道元宇宙，这是一本必读之书！

即使你了解元宇宙，这也是一本必须精读之书！

阅读完此书，你才会清醒地认识到你所知道的元宇宙只是冰山一角。

本书在系统分析元宇宙优缺点之后所提出的精到见解，将成为所有航向虚拟新大陆人们必不可少的指南针。

——李相宇（音译），韩国世宗律师事务所
广播信息通信研究委员

序言

元宇宙——人间 × 空间 × 时间的革命

人类还有未开垦完全的领域，如太空、海洋、大脑、微生物及虚拟世界等。曾有一段时间，我非常主观地认为，与其他领域相比，虚拟世界已发展得非常好。自 1969 年最初的互联网 ARPA 网出现到现在，在过去的 50 年间，互联网主导的革命加速而来，产生了以互联网为基础的机械设备和服务，随着时间的流逝，人们对此逐渐熟悉起来。初期互联网在奉献给人们惊奇体验之后，触屏智能手机和应用商店现在成为人们日常生活的一部分。人们感觉新型创新不过是功能的改善，或是像很遥远的故事一样。

人们在体验元宇宙技术演化和元宇宙技术所体现的新世界过程中，彻底改变了原有的想法。人们惊奇于数亿人在元宇宙环境中生活，依靠自己的创造发明，生产、销售虚拟资产，获取利益，并与现实经济相联动。在元宇宙游戏《半衰期：爱莉克斯》中，当人们成为游戏中的主人公，感受到现实世界物理法则时，所受到的震撼是久久不能忘记的。

在虚拟空间中，手用力握铁罐，压力会使它变瘪；把玻璃瓶扔出去，玻璃瓶会伴随着噪声被摔碎；用笔在玻璃墙上乱涂乱画、晃动火柴盒，会发出声音；拨动地球仪，它会转起来；拉门，门会开；弹钢琴，会奏出乐曲。这些在现实生活中很正常的物理现象，原来在虚拟世界中很难得到充分的体现。大部分的事物如同壁画一样，不动也无反应。很多电脑游戏、手机游戏以有趣的故事和沉浸式的虚拟空间给予了游戏者快乐，但元宇宙用不同于传统的视角提供了新体验。似乎进入未知、广阔的虚拟世界之门已经开启，我们已认识到曾经了解的元宇宙不过是冰山一角。新的革命开始了！

元宇宙是什么?

以向未知新大陆迈出第一步的心情开始提问。元宇宙是什么？过去、现在和未来，元宇宙有什么不同？元宇宙是一种技术革命，抑或是一种过时的趋势？如果说元宇宙是一场革命的话，它会如何改变产业和社会？元宇宙产生的副作用是什么？我们要做什么？出于解答这一连串提问之目的，我编写了这本书。

阅读贤者们用与众不同的洞察力研究新型革命的记录、对话不同领域的专家学者、考察众多的创新事例，我从中感受到了元宇宙的喜怒哀乐。在观察人们利用元宇宙技术实现了不可能实现的梦想过程中，我也体验了他们的悲哀和欢悦。元宇宙给人们奉献了惊奇，给探索新型创新的企业以震惊、欢喜。同时，元宇宙所引发的风险，也让人们感到胆战与愤怒。元宇宙打碎了人们对人间、空间和时间现存的惯性和固有观念，创造了新的遐想可能，是一场新革命。革命现已开始，未知的虚拟世界正期待着我们走进。

游泳还是上船?

互联网革命的潮水已经涌来。涌入大地的潮水让人惊惶失措，也改变了人们的生活方式和企业的生存战略。有的企业在本该在大地上急速奔跑的季节，却沉湎于享乐，幼稚地认为能够跑赢潮流，最终消失在水面之下。相反，有的企业感知到了变化，学会了游泳，生存下来，适应新环境，寻找新机会，茁壮成长起来。现在，一个巨大的、叫作元宇宙的革命海啸到来了。有的企业天真地认为还像过去那样在水中游泳也能够避开这次海啸；与此相反，有的企业却去打造坚实航船，乘风破浪。

是游泳，还是上船？快快上船吧。让我们去共同寻找那地平线下未开辟的世界——虚拟新大陆吧！希望本书能成为你们开垦未知新大陆的指南针；希望通过元宇宙，读者可以观省沉闷现实限界以下的新世界，获取信息，形成共识，达成梦想。我坚信在探索中结出的硕果必将成为现实的新出路。

本书出版之前得到过众人帮助。十分感谢在本书出版过程中并肩工作的李炳勋代表，虽在远方但心总贴在一起的勇燮、载润、相宪兄、泽洙、钟洛、泰洙及同事朋友们，以及宪钟和工作生活在钟路一带的朋友们。对在各自工作岗位上做出辉煌成就的尚民哥、阳洙、燮荣、韩煜、代珪和汉阳大学的朋友们，身显谦逊、带领我们前行的朴明哲 KAIST 教授，汉阳大学教授裴承翼，群策群力的 KAST SMIT 研究所尊敬的先辈、学长学弟们，汉阳大学研究生院尊敬的先辈、学长、学弟们常怀感激之情。对以新的洞见而给予我见解的赵元荣博士、韩相烈博士、刘载兴博士、金勇成教授、沈东榻教授、申知燮律师、李钟九律师及软件政策研究所诸位朋友表达谢意。此外，对帮助我持续成长的姜英浩教授、姜敏宇博士、朴赞洙博士和三星经济研究院的同事们、尊敬的金奉洙博士、尊敬的韩成洙博士、尊敬的洪成准教授、韩哲、相浩、镇敏和 KT 企业中心、KT 经济经营研究所、KT 营销研究所、韩国电子通信研究院的诸位，在此一并表示感谢。

感谢给予我不变信任和鼓励的父亲、母亲、哥哥、嫂子、侄子们。最后，我想对常常在我身旁给予帮助的岳父、岳母，在坎坷人生路上一路走来给我力量的妻子智然和女儿润娥说声谢谢、对不起、爱你们。

2021 年 7 月

李丞桓

目录

登陆元宇宙

元宇宙是什么

元宇宙让遐想成为现实

假如你能够制造出人间、空间和时间的话，会用来干什么？这种在电影中才有的遐想，现在在元宇宙世界中已实现，也正在有力地影响着现实世界。

美国著名歌手特拉维斯·斯科特在一个叫作《堡垒之夜》（Fortnite）的游戏平台上，展示了现实生活中无法出现的梦想舞台，1 200 万名以上的玩家观赏了这次虚拟演出。这次演出，特拉维斯·斯科特创造了比线下演唱会高 10 倍以上的收益。在韩国，虚拟上台表演的申海哲和某韩国男子组合也演绎出了超越时空的联合舞台。现实中并不存在的游戏角色也曾假扮女团角色登台表演，现实中的女团也与自己的虚拟形象首次一起登上了舞台:《英雄联盟》游戏中存在的角色“阿利”“阿卡利利”“卡伊莎”“伊布尔琳”通过女团“K/DA”重生了，她们的歌曲“POP/STARS”登上了美国 iTunes K-POP 排行榜第一位；四人组女团“埃斯帕”（aespa）与自己的虚拟形象同台表演视频上传 YouTube（油管，一款视频应用软件）51 天后，点击量逾一亿次，四名成员生活在现实世界中，四名虚拟角色生活在虚拟世界中，她们时而同台表演。

通过元宇宙技术，有父母再次见到了已离开人世的女儿。在MBC（韩国文化广播公司）的VR（虚拟现实）纪录片《再次遇见你》中，母亲与因白血病在7岁时就突然离世的女儿在虚拟现实环境中相遇，上演了令人感动的一幕。

集合啦！元宇宙

全世界正紧盯元宇宙。作为主导后互联网时代的新模式以及新时代的愿景，元宇宙正在被人们谈论，全球互联网企业正认识到元宇宙又是一个新机遇。人工智能计算技术企业英伟达的CEO黄仁勋在研发者大会上曾言及“元宇宙时代正在到来”，《堡垒之夜》游戏开发公司Epic Games的CEO蒂姆·斯威尼曾将元宇宙表述为“互联网的下一个版本”，预告了新革命时代的到来。韩国通信业的代表企业SK电信公司也已宣布将转型为元宇宙企业。

元宇宙应用领域正在持续扩展。美国加州大学伯克利分校在沙盒游戏《我的世界》（Minecraft）上举行了元宇宙毕业典礼；韩国顺天乡大学通过JUMP VR举办了入学仪式；职业棒球队韩华老鹰队第一个组织了元宇宙出征仪式；DGB金融集团在元宇宙平台ZEPETO上召开了经营管理人员会议。

引入元宇宙的事例快速增加，媒体多有报道，有关元宇宙的搜索量也在上升。这不仅是在韩国，也是世界性的趋势。

元宇宙市场快速增长。据推测，元宇宙市场规模到2027年将达8 553亿美元，超过世界GDP的1%；到2030年将创造1.5万亿美元的市场规模，占世界GDP的1.81%。据分析，增强现实（AR）市场规模将会比虚拟现实市场规模更大。

对元宇宙的关心，不止于全球 IT 企业 CEO 谈论、部分引述事例和搜索量上升，数亿计的用户正在登陆实际存在的元宇宙平台。人们正集聚在 2020 年 3 月上市、累计销售量达 3 000 万的虚拟生活社交游戏《集合啦！动物森友会》，2018 年 8 月上市、2021 年前全球有超过 2 亿人在使用的虚拟角色社交平台 ZEPETO，月内活跃用户达 1.5 亿人的游戏型生活平台罗布乐思（Roblox）等不同的元宇宙平台上。引起这么多的关心，人们正在登陆的元宇宙到底是什么呢？

元宇宙的概念与分类

元宇宙就是虚拟与现实交互、共同演化，人们在其中达成社会、经济、文化等活动并创造价值的世界。元宇宙是由表示“超越”的希腊语“Meta”和表示“世界、宇宙”的“Universe”组成的一个合成词。正如 1984 年威廉·吉布森的小说《神经漫游者》中“网络空间”一词被广泛应用一样，元宇宙这个词，最初也是源于 1992 年尼尔·斯蒂芬森所著的科幻小说《雪崩》。现在广为人知的“虚拟角色”一词也源自这本小说。尼尔·斯蒂芬森在波士顿大学学习的专业是物理学和地理学，在计算机和编程方面具有渊博的知识，与《神经漫游者》的威廉·吉布森一样是世界上数一数二的赛博朋克界具有代表性的作家。

研究元宇宙的 ASF 财团，根据体现空间和信息的形态，将元宇宙大致区分为四种类型。空间展现是以现实为中心还是以虚拟为中心、信息展现是以外部环境信息为中心还是以个人个体信息为中心，据此将元宇宙分成四大类。第一个类型是增强现实，即将增强的外部环境信息提供给现实的一种形态。第二个类型是生命记录，即将个人（或是事物）在现实中活动的信息与虚拟融合在一起的一种形态。例如，在现实中我们戴着可穿戴手表进行运动，我们的心跳数据和运动路线就会原样在智能手机应用程序上显示出来。第三个类型是镜像世界，即外部环境信息与虚拟空间一体化的结构。第四个类型是虚拟世界，即个人（或是事物）存在并生活在完全虚拟展现的空间中。ZEPETO 等多款游戏就是最典型的例子。

元宇宙的四种类型独立发展，最近一个时期以来交互影响，向融复合形态方向演化。非接触时代受人瞩目的宅家运动方案是一个叫作 Ghost pacer 的服务。即利用增强现实眼镜，在现实中生成虚拟的跑步者，并将其与生命记录数据相连，设定在增强现实眼镜中能看到的角色跑步路径、速度，使实时跑步成为可能，同时可与运动 App、苹果手表相连。

人们可以在 Hopin、Teooh 等平台企业提供的虚拟会议与活动中，与生命记录相连接，事后可对活动宣传方案的效果、费用使用的效率进行评测，以参加者表情符号等感情表达、路线、联网时间等数据为基础分析所取得的成果。

经测定，在通过 Teooh 平台召开的虚拟会议中，参加者在一个小时左右的小组讨论结束后平均有两个小时仍停留在平台上。

此外，虚拟世界与镜像世界相结合的谷歌地球 VR、AR 与镜像世界结合的谷歌地图 AR 等多种元宇宙技术融合，正在紧锣密鼓进行中。据预测，今后它们的交互将进一步加速推进，形成未来的元宇宙。

数字太空——元宇宙

要理解元宇宙这个新概念，需要一个恰当的比喻。如果将 Unity 平台 CEO 约翰·里奇泰洛（John Riccitiello）接受媒体采访的内容，与元宇宙社区成员蒂安所描绘的元宇宙图画组合起来，试着重新解释，可能对理解元宇宙有所助益。约翰·里奇泰洛说："元宇宙似乎将成为人们相互访问各自运营的空间并共同生活在此间的一种小宇宙。"不同的虚拟行星与物理性的地球同时存在，人们往来于这些行星间并生活在其中。无数个这样的行星存在着且相互连接，因此是一种小宇宙。

人类的创造力是创造虚拟行星的源泉，蒂安将之形象化地称为"创造之轴"。综合以上再进行分析，那么创造虚拟行星的"创造之轴"就是由人的创造力和技术结合而成的。大数据、区块链等数据技术，5G 等网络，AI、AR、VR、XR 等是典型的代表技术。"创造之轴"简单地来理解，就是一个"人类创造力 ×（XR+D.N.A）"的概念。

另外，XR 通用的解释是"扩张现实"，但在本书中，我准备统一使用"虚拟融合"这个词来展开论述。

在物理性地球上，人们充分利用创造力和"XR+D.N.A"，持续创造出了新虚拟行星，今后还将继续创造。这样产生出来的众多虚拟行星相互链接，将构成数字太空。众所周知的元宇宙行星"Fortnite"上有 3.5 亿人，ZEPETO 和《我的世界》上有 2 亿人，罗布乐思上有 1.5 亿人，他们正往来、生活于物理性地球与虚拟行星之间。因此，这预告了更多新行星的诞生。

关于元宇宙的误解与真相

如果重新回顾与元宇宙有关的问题，我们会发现许多人对元宇宙心存误解。关于元宇宙的第一个误解是“元宇宙是一个突然冒出来的概念”。其实元宇宙从很久以前开始就一直存在着，早在 30 年前的小说《雪崩》中作者就提及了元宇宙。虚拟现实服务游戏《第二人生》自 2003 年上市，3 年间就拥有了 100 万玩家，受到了全世界的关注。之后，因社交媒体的出现，《第二人生》未能完美应对移动通信革命，致使大量用户流失。但在社交媒体出现之前，《第二人生》备受青睐，获得了“将元宇宙世界变成现实化虚拟世界”的高度评价。出品该游戏的美国风险企业林登实验室代表菲利普斯·罗斯戴尔曾表示：“第二人生原计划想展现、描述在《雪崩》中的虚拟世界。”

关于元宇宙的第二个误解是“元宇宙在 30 年前并不存在”。人类很早以前就对元宇宙有所关注，只是没有概括为“元宇宙”这个词。

1840 年英国物理学家查尔斯·惠斯通利用两张照片叠加的视错觉技术，发明了反射镜式实体镜。实体镜的基本原理也是今天适用在虚拟现实耳麦 Oculus 上的核心技术。20 世纪 30 年代埃德温林克制造了飞行训练模拟器，1957 年好莱坞的摄影师 Morton Heilig 发明了与今天游戏室摩托游戏类似的“Sensorama”系统。当时人们只要花费 25 美分，就能体验在曼哈顿骑自行车的场景。这个系统的目的是给观众带来五种感官体验，使用宽幅图像来显示 3D 影像，还能体现座椅的震动、风扇扇动的风及制造出的气味。但是，当时没有人能理解这个系统在未来的价值，因此没有后续财源的支持，研究就此中断。人类从很早之前开始就一直在为能给人们在虚拟空间里提供五种感官体验而努力着。今后，技术升级换代将会加速，元宇宙空间将向更加高级、智能化的方向发展。

关于元宇宙的第三个误解是“元宇宙是虚拟融合技术”。从技术层面来说，虚拟融合无疑是体现元宇宙的核心技术。但是元宇宙只有在虚拟融合技术、数据技术、网络技术、人工智能技术等有机结合并给人以总体性的体验时，才能发挥它真正的价值。从服务观点来看，虚拟现实和增强现实只是用元宇宙来体现服务的一种形式，并不是元宇宙的全部。如前文所述，元宇宙分为增强现实、生命记录、镜像世界和虚拟世界四种类型。这四种类型通过融复合方式，进而演化出各种组合服务。

关于元宇宙的第四个误解是“元宇宙是游戏”。在元宇宙的演化过程中，游戏占据了非常重要的位置。通过游戏，虚拟空间可以得到持续发展。在虚拟空间里，玩家们生活并享受着快乐。另外，游戏今后还会进一步升级换代。但是，游戏本身并不是元宇宙，因为元宇宙是超越游戏、转变工作方式、全方位改变社会经济的一种新模式。关于这一点本书将在第三章和第四章中通过很多例子和具体讨论加以阐述。

关于元宇宙的第五个误解是“元宇宙是一种暂时性趋势”。自从2003 年《第二人生》受到人们青睐之后，元宇宙就远离了人们的视线。2016 年刮起的《宝可梦 GO》热风，虽再次引起了世人对元宇宙的关注，但没有形成气候，遂走到今天的局面。从体验效果来看，提出这样的问题是顺理成章的。但是，倘若我们从技术和经济价值演化、投资观点来进行分析，就能理解为什么元宇宙是继互联网之后的又一场革命。对此，本书将在第二章进行更具体的分析。

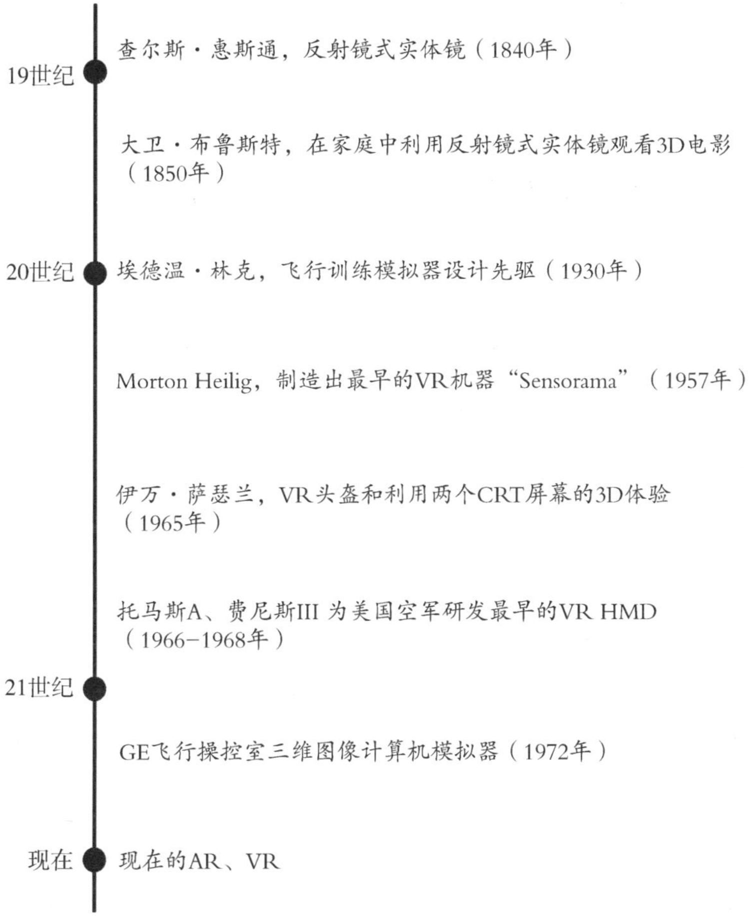

19世纪
查尔斯·惠斯通，反射镜式实体镜（1840年）

大卫·布鲁斯特，在家庭中利用反射镜式实体镜观看3D电影（1850年）

20世纪
埃德温·林克，飞行训练模拟器设计先驱（1930年）

Morton Heilig，制造出最早的VR机器“Sensorama”（1957年）

伊万·萨瑟兰，VR头盔和利用两个CRT屏幕的3D体验（1965年）

托马斯A、费尼斯III 为美国空军研发最早的VR HMD（1966–1968年）

21世纪

GE飞行操控室三维图像计算机模拟器（1972年）

现在
现在的AR、VR

图 1–1　AR、VR 的发展历程

过去的元宇宙 VS 现在的元宇宙

自由度变大、适用范围变宽、技术基础增强

传统意义上的元宇宙与现在意义上的元宇宙无论是在融合水平、平台自由度，还是在适用领域、技术基础、经济活动、所有权等各方面都是有差别的。21 世纪初期，元宇宙从独立提供游戏、生活沟通服务开始，掀开新的一页。自最初的数字游戏登上历史舞台之后，由于数字游戏引擎制作平台的扩张，从 2D 游戏进化而来的 3D 游戏，成为主流游戏形式。最早的电子游戏是威廉·辛吉勃森于 1958 年研发的《双人网球》。随着 1998 年 Unreal（一款游戏引擎）、2004 年 Unity（一个实时 3D 开发平台）等游戏制作引擎的普及，游戏向 3D 升级速度加快。3D 游戏出现的同时，基于 PC 端的《赛我》《第二人生》等虚拟生活社交元宇宙纷纷亮相。在这一过程中，由于便利性、可携带的优点，元宇宙用户向基于移动通信端的脸书（Facebook，一款社交手机应用）等社交媒体服务转移。1999 年基于 PC 端、2D 图像开始提供服务的《赛我》游戏，会员数曾一时突破 3 200 万，却在 2020 年终止提供服务。2021 年《赛我 Z》的出现，则预示着《赛我》重新复活。

传统游戏提供给玩家的大多是实现目标、进行竞争，但最近受到

关注的元宇宙游戏平台，还能提供生活沟通空间、专业化服务。Epic Games 的《堡垒之夜》平台就同时经营着竞争性空间 Battle Royal 和生活沟通、文化空间 Party Royal 以及 ZEPETO 和《集合啦！动物森友会》等提供个性化生活的沟通空间来维系用户。

元宇宙的应用范围正从传统的 B2C、以游戏领域为主，向在多个产业集群中得到充分利用的 B2B、公共和社会部门的 B2G 领域扩展。

在技术层面上，传统和现在的元宇宙概念也存在着差别。传统元宇宙主要基于 PC 端、2D 图像提供服务，当前的元宇宙正在向基于 3D 的 PC 端、移动通信端、HMD（头戴式显示器）、眼镜等可穿戴设备方向扩展。随着“XR+D.N.A”技术融合的发展，元宇宙服务正变得智能化起来。传统上基于 PC 端、互联网提供的内容多是平面的、静止的，当前的元宇宙所提供的内容则是通过直接在虚拟空间里创造各种客体，获得通感体验和模拟。

以消费为中心——►生产和消费的良性循环结构

传统元宇宙以消费为中心，大部分玩家要购买游戏供应者提供的虚拟财产，虚拟财产交易要在服务提供商的限制下完成。当前的元宇宙则发生了很多变化，以用户为中心，生产和消费间的联系、与现实经济间的联系得到了强化，用户剧增。玩家可以利用元宇宙内的生产平台，直接生产自己的虚拟财产，也能通过这些虚拟财产来创造收益，销售虚拟财产的收益在现实生活也能使用。游戏型生活平台罗布乐思的月均活跃用户达 1.5 亿，800 万用户通过罗布乐思工作室开发的游戏超过 5 000 万个，收益于 2018 年达到 7 180 万美元，2020 年激增至 3.29 亿美元。

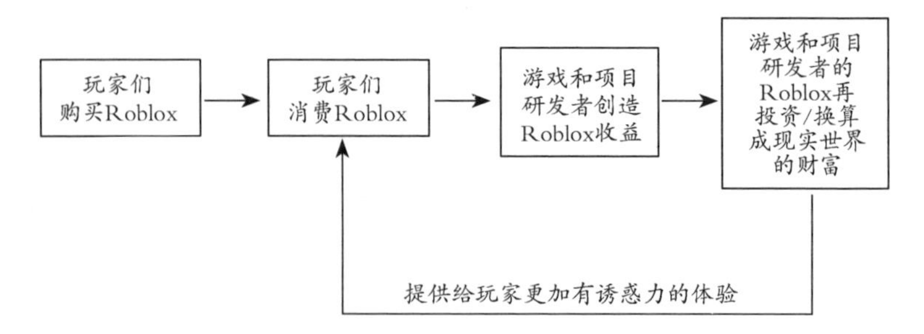

图 1–2　Roblox 的生产与消费联系结构

ZEPETO 于 2018 年上市后，玩家超过 2 亿人，有 6 万多人正通过 ZEPETO 工作室开发项目、销售项目、创造收益。用户研发的项目占整体项目销售的 80% 以上，每天有 7 000—8 000 件新服装上线。《堡垒之夜》的用户达 3.5 亿，美国著名说唱歌手特拉维斯·斯科特通过游戏内的 Party Royale 举行了虚拟音乐会，获得线下音乐会 10 倍以上的收益。

强化虚拟资产所有权概念

随着用户在元宇宙内积极参与生产活动，管理自己创造的虚拟资产所有权就显得日益重要了起来。作为一种虚拟资产管理技术，“不可替代通证”受到青睐，且在元宇宙中得到了广泛应用。“不可替代通证”的缩略词是“NFT”，它能够赋予各种用户创作内容的稀有性和著作所有权。NFT 应用区块链技术，赋予音乐、影像等数字作品单独的识别价值。它能够记录特定人的所有权信息，所以难以防伪。NFT 以区块链数据形式，储存数字作品的生成日期、大小、创作者签名、所有权销售履历等信息，被保管在保护原文的分散储存系统中。与可交换的比特币等现有数字通证不同，NFT 拥有各通证固有的价值，用别的 NFT 来代替是不可能的。

表 1-1 NFT 的四大优点

难以防伪	易于追踪
复制困难，所以可更好地保存稀有性，不因伪造品而降低价值	区块链数据是公开的、透明的，任何人都可以确认 NFT 的出处、发行时间 / 次数、所有履历等信息
部分所有权	**循环增加**
认定部分所有权，通证能以 1/N 的形式交易	以游戏为例，如果项目用 NFT 开发，玩家取得项目真正的所有权，在 NFT 竞买市场上可自由交易

NFT 出现之前，数字作品可无限复制，降低了它的稀缺性。但是 NFT 的出现，使限定数量的作品，逐渐可选择性地赋予及转让所有权，因而基于作品稀缺性、象征性、作者名誉等要素的价值认定就变得可能起来，这为活跃交易创造了契机。

全世界 NFT 市场交易额在 2019 年大约为 6 200 万美元，2020 年则达到 2.5 亿美元，比上一年剧增了 4 倍。推特 CEO 杰克·多西用 NFT 方式以 291 万美元金额出售了自己第一个推特账号所有权。应用 NFT，可生成数字艺术品所有权，进行交易。NFT 艺术品的交易额从 2020 年 11 月的 260 万美元，增加到同年 12 月的 820 万美元。

元宇宙用户可以利用 NFT，将自己的数字作品商品化，以加密货币等方式获得报酬，创造经济效益。随着在元宇宙创作的作品销售获得的收益换算成现实世界的货币成为可能，基于元宇宙的现实和虚拟融合经济也得到了发展。

在 The Sandbox 、Decentraland、Upland 等基于区块链技术的元宇宙游戏平台上，用户们可以直接打造 NFT 项目，通过交易获取收益，正促进着多样性内容的生产和用户的持续增加。

在 The Sandbox 平台上，用户可以在游戏内用 NFT 制作虚拟空间和装备，获取所有权，用 Sandbox 加密货币 SAND 进行交易。

在 Decentraland 平台的游戏内，用户可用 NFT 记录 LAND 所有权，进行买卖，使用 Decentraland 加密货币 MANA 进行交易。

Upland 作为提供虚拟不动产市场游戏服务的平台，用户可用 NFT 制作记述有现实中真实住址的不动产证书，使用 Upland 加密货币 UPX 进行交易。

据推测，今后基于 NFT 的元宇宙生态还会进一步扩展。如果 NFT 元宇宙与别的元宇宙之间可利用 NFT 作品的 NFT 互换成为可能，那么 NFT 应用价值将会更大。

虽然人们越来越关注 NFT 的优点、在元宇宙中的应用及投资价值，但伴随着 NFT 应用的活跃，风险因素也产生了。第三者抢先用 NFT 登记原作者作品而主张所有权，或是恶搞作品等二次创作作品的 NFT 所有权侵害原作著作权等情况可能会发生。传统元宇宙与现在元宇宙的综合比较如下表所示：

表 1–2　传统元宇宙与现在元宇宙的综合比较

项目	传统的元宇宙	现在的元宇宙
自由度 / 适用领域	做任务、实现目标、竞争为主的游戏（Ex、RPG、MMORPG 等）	游戏 + 虚拟生活 / 沟通空间（合作、休闲、文化）融合→用户有选择性地使用 应用虚拟空间、角色的生活 / 沟通个性化平台 B2C+B2B+B2G，经济、社会的全部领域

续表

项目	传统的元宇宙	现在的元宇宙
技术基础	基于 PC 端、2D 为主 Data Tech，Network，AI，XR 独立发展	PC 端、Mobile 端、HMD、Wearable 设备、3D XR+D.N.A 融合与演进
经济活动	以平台内项目购买等消费行为为主 供应者提供 / 受限的项目交易 （Service Provider Centric）	存在着用户容易进行游戏、项目、虚拟空间研发、制作和使用的平台（Ex，Roblox 工作室，ZEPETO 工作室） 可买卖，收益与现实经济挂钩（Ex，Roblox 内 Lil Nice 演出参与观众达 3 000 万人，《堡垒之夜》内特拉维斯·斯科特演出参与观众达 1 230 万人）
所有权	主要对购买的虚拟财产进行管理	对生产的虚拟财产所有权管理非常重要 NFT 和元宇宙间的结合有扩大之势

贰 元宇宙革命

为什么说元宇宙是一场革命

互联网革命 VS 元宇宙革命

2019 年，Epic Games 的 CEO 蒂姆·斯威尼针对人们对于“《堡垒之夜》是游戏还是平台”的质疑，在 Twitter（推特，一款社交手机应用）上回答说：“《堡垒之夜》是游戏，但是，你们 12 个月之后再来问这个问题吧。”这句话蕴含了他对《堡垒之夜》变成新平台的期待，更准确地说是期待它变成元宇宙平台。之后，《堡垒之夜》超越游戏，演进为与演出一起出现的文化空间，有 3.5 亿人时而生活在元宇宙平台，时而生活在现实之中。蒂姆·斯威尼预告了元宇宙新未来，曾称元宇宙“是互联网的下一个版本”。如果说元宇宙是互联网的下一个版本的话，那么互联网时代的革命和元宇宙带来的革命会有什么差别？我们可以试着用三个观点来分析元宇宙是否会成为下一场互联网革命。第一，从便利性、交互性、图像空间可扩展性方面来看，传统互联网时代与元宇宙时代存在差别吗？第二，从技术层面来看，体现元宇宙的核心技术是能引起革命性变化的通用技术吗？第三，从经济价值的演进层面来看，元宇宙是革命的动因吗？

便利性、交互性、图像空间可扩展性层面

基于PC端、移动通信端的互联网时代与元宇宙时代，在便利性、交互性、图像空间可扩展性层面存在着差异。基于移动通信技术的迅速发展和机器设备小型化、轻量化趋势，人们自然而然地想方设法将设备穿戴在身上。实际上，用手提着机器设备到处走动会担心摔了或是丢失，但穿戴在身上的话就会更加安全，机动性更好。正是因为如此，可穿戴设备，即如同衣服或是饰品一样附着在身上的设备，正式得到研发。支持增强现实的AR眼镜、手表等设备从携带发展到可穿戴时代，更加便利。根据市场调查机构IDC的调查，2020年全球可穿戴设备市场规模突破了690亿美元，同比增加49%。据预测，2021年全球可穿戴设备市场规模将达到创纪录的815亿美元。

交互层面，传统互联网时代多使用键盘、鼠标，而在元宇宙时代更多使用语音、肢体动作、眼光等五种感官。最近，利用人脑－计算机接口的手腕型设备成为与AR眼镜相匹配的输入装置，受到了很多人的关注。手腕是戴手表的位置，是一处即使一整天戴着设备也很舒适的部位，非常适合日常生活或是社会活动。这个位置和作为与外部世界沟通主要使用手段的手相连接，可充分发挥大范围的控制能力，进行直观的、有效率的、给人以满足感的交互活动。

另外，元宇宙正在从2D网页图像向没有限制的3D空间网页方向发展。计算机、智能手机虽能用2D图像提供现实世界的三维信息，但增强现实摆脱了图像的束缚，现实变成画面，虚拟现实在3D空间中展现信息。增强现实眼镜不是像手机那样用手掌来引导用户的关注，而是在同用户看东西一样的视线中观察世界。所以，这是第一次

将人放在计算体验中心，用三维实现数字世界，使得现实世界中的社交、搜索、学习、共享和活动成为可能。专栏作家马克·佩斯凯在接受 ABC（美国广播公司）的采访时说过："俯视图像到达了自然的界限，我们绝不会再俯瞰下一个画面。世界即是图像，因为它将与我们所看到的十分完美地统一在一起。"

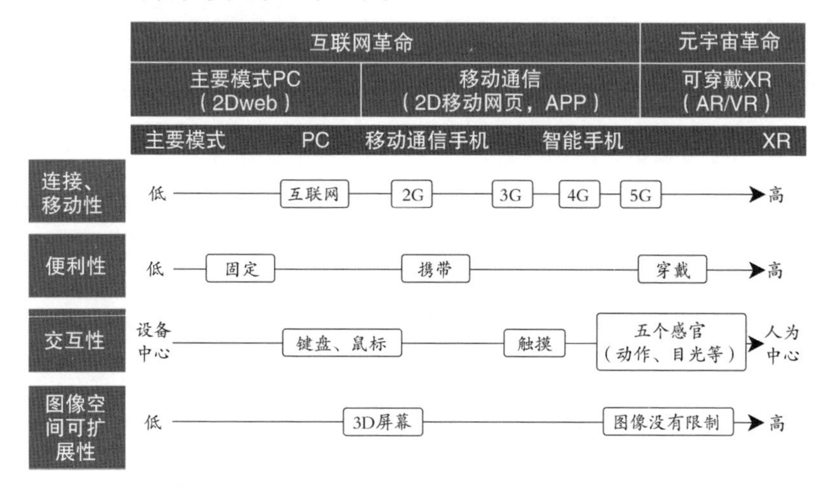

图 2-1　元宇宙与互联网时代主要属性方面的差别

通用技术与元宇宙

通用技术适用于经济的各个方面，能提高生产效率，通过与其他技术相互补充完善，作为技术性的帮手，对产业创新做出贡献。作为在历史上少数影响巨大的革命性技术，通用技术共同作用于诸多产业，促进产业创新，更新换代快。传统通用技术牵引了产业革命和社会革命，18 世纪末的蒸汽机、20 世纪初的电动机、20 世纪末的互联网等都是通用技术的典型例子。我们之所以说互联网时代是一场革命，就是因为互联网、计算机等通用技术给产业和社会带来了巨大影响。

表 2-1　历代主要通用技术

序号	通用技术	序号	通用技术
1	农耕	13	铁路
2	饲养家畜	14	蒸汽铁船
3	矿石提炼	15	内燃机车
4	轮胎	16	电机
5	文字	17	汽车
6	青铜	18	飞机
7	铁	19	大生产连续工程工厂
8	水车	20	计算机
9	三锚帆船	21	Lean 生产方式
10	印刷	22	互联网
11	蒸汽机	23	生命科学
12	工厂系统	24	纳米技术

在元宇宙中，多种通用技术复合应用得到体现，虚拟与现实的界限正在逐渐消失。虚拟融合技术、数据技术、网络技术、人工智能技术等都是得到应用的、有代表性的通用技术。作为一种对全产业领域和社会产生深远影响的通用技术，虚拟融合技术使得人与信息交互的方式发生了根本性变革。据预测，虚拟融合技术将应用于产品和服务研发、医疗、教育培训、项目创新、流通与零售等全产业领域。

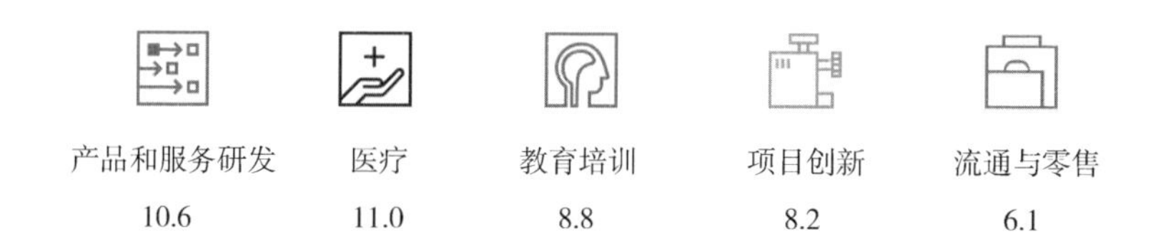

图 2-2　虚拟融合技术分领域市场预测（单位：百万美元）

大数据技术、5G网络技术和人工智能技术也属于通用技术，对创新发挥着基础性作用，将在全产业领域和全社会得到广泛应用。人工智能分领域应用效果如下：

图 2-3　人工智能分领域应用效果

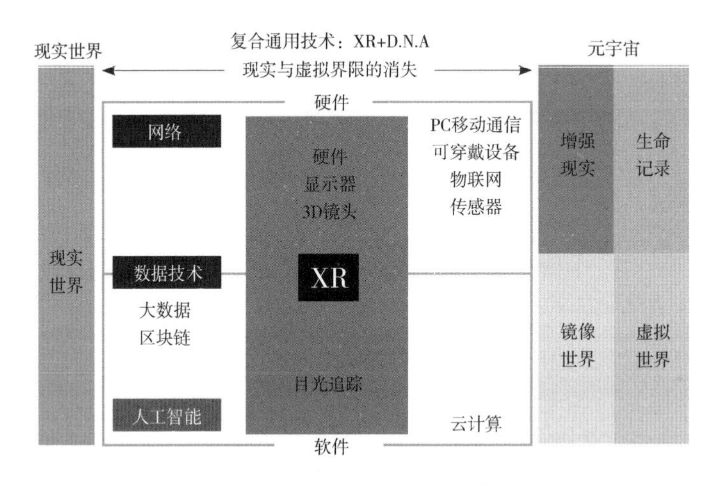

图 2-4　元宇宙与复合通用技术

综上所述，元宇宙是多种通用技术的复合体，体现在“虚拟融合技术（XR）+ 数据技术（D）× 网络技术（N）× 人工智能技术（A）”上。它们连接现实世界与元宇宙世界，创造新型价值。“XR+D.N.A”技术融合更精密，可实时交互。如果智能型虚拟融合技术服务的移动性得到极大增强，那么元宇宙应用将扩展到产业的全领域。

经济价值的演化与元宇宙

《欢迎来到体验经济》是1998年刊登在《哈佛商业评论》上的一篇文章，该文从所谓体验层面解释了当时经济价值的演化，得到了人们的极大呼应。作者约瑟夫·费恩在文章中讲道：在农业经济结构中，提取使用未加工的原料，随着大规模生产体系的完备，变化为以产品为中心的经济结构，后来又发展到服务经济。在服务经济之后，他提出了作为新经济价值核心概念的“体验”一词。他进一步解释道，消费者对能留在记忆中的个性化体验的支付意愿价格会更高，因此向消费者提供适合个性化体验的产品和服务就是“体验经济”的核心内容。

以咖啡为例，在农业经济时代，人们手工种植咖啡豆，之后开始大规模生产和供应咖啡豆，咖啡业就发展成了服务业，现在咖啡在星巴克成了体验品。星巴克咖啡的原豆价格大约是一杯14韩元[①]，而消费者支付的价格超过4 000韩元。现在距离提出体验经济这个概念已经过去了二十几年，体验经济正在向虚拟融合经济或是沉浸式经济方向发展。这种变化的技术动因就是“XR+D.N.A”。虚拟融合经济就是指利用虚拟融合技术将经济活动（工作、休闲、沟通）的空间从现实世界向虚拟融合世界扩展，来创造新体验和经济价值的一种经济形式。因此，“XR+D.N.A”技术在时间和空间层面扩展体验领域，将提供虚拟与现实融合的体验价值。

现在我们用移动手机订购星巴克咖啡后，到线下实体店不用排队

---

① 根据中国人民银行官网2021年12月8日数据，1人民币元约为184.95韩元。后文不再重复标注。（译注）

就能拿到，体验的价值扩展到了线上。当下，经济价值正向虚拟与现实融合的元宇宙体验升级换代。为给顾客提供最大限度的元宇宙体验，星巴克上海 Reserve Roastery 使用了增强现实技术。顾客可以在 Reserve Roastery 卖场中，一边观看咖啡制作的全过程，一边品尝着咖啡。星巴克与阿里巴巴携手推出增强现实版 App，使人们在这个应用程序上能够体验咖啡生产、烘焙的过程。即使手机不安装这个应用程序，通过扫描卖场无处不在的 QR 码，也可看到详细信息。如果你扫描位于 Reserve Roastery 卖场中间圆桶型管道空间里的 QR 码，它就会向你展示烘焙完成的咖啡原豆经历成熟的过程。如此一来，经济价值从农业经济、工业经济、服务经济、体验经济发展到虚拟融合经济，元宇宙体验在这里创造新价值。

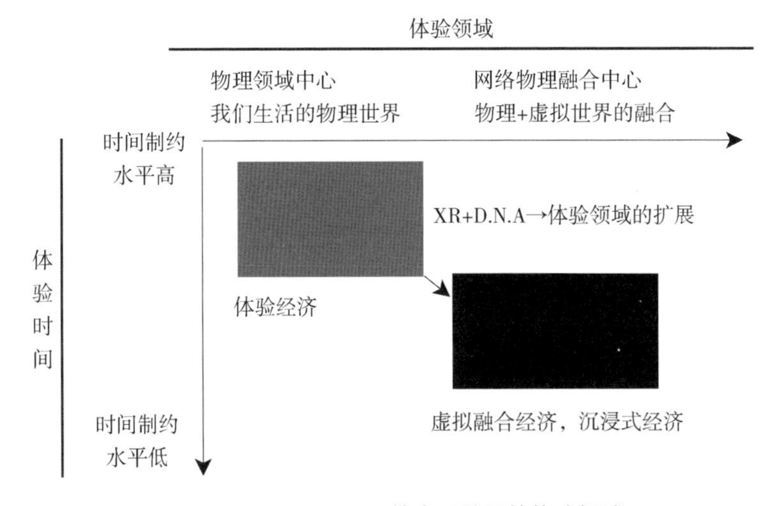

图 2-5　因 XR+D.N.A 技术而扩展的体验领域

在元宇宙时代，因复合通用技术而形成的差异化体验价值 4I（沉浸、交互、想象、智能）使传播成为可能，因此也诞生了超越时空的新体验。MBC 电视台播放的虚拟现实纪录片《再次遇见你》就是一个虚拟融合故事，故事中死去的女儿与母亲在虚拟融合的世界中相遇，一起度过了一段时光。这个故事使人们感受到在现实中不可能发生的事情，利用人工智能让在现实中不存在的女儿出现，使用能传导触觉的数据手套，制造一种能进行交互可能、给人一种沉浸感很强的体验，像是真实地遇见了女儿一样。它创造了现实世界中没有的人，回

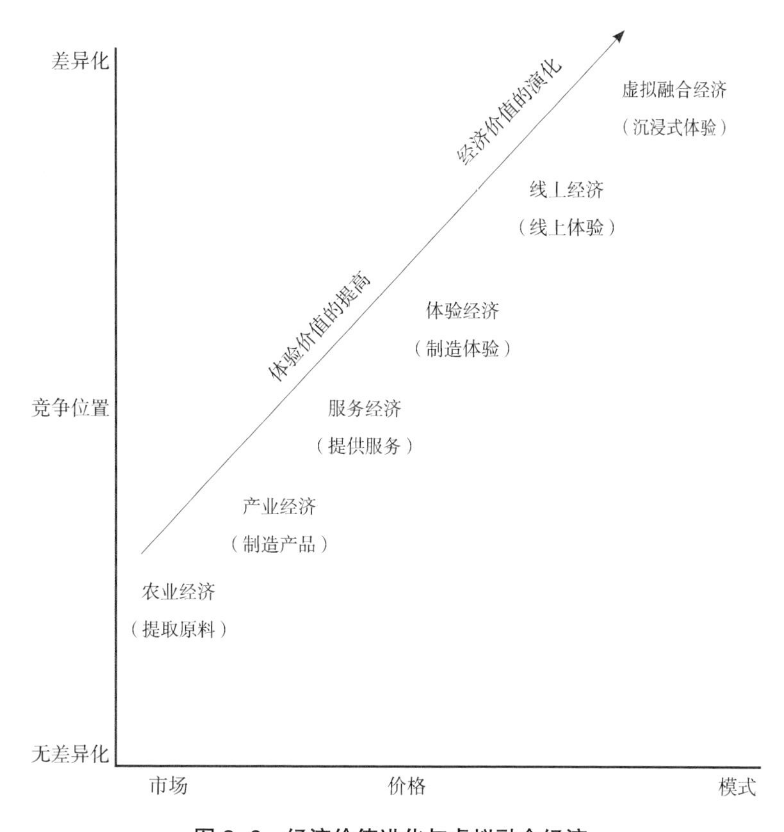

图 2–6　经济价值进化与虚拟融合经济

到过去的空间中，母亲和女儿共同度过了时光。元宇宙创造了超越人间、时间、空间的新体验。

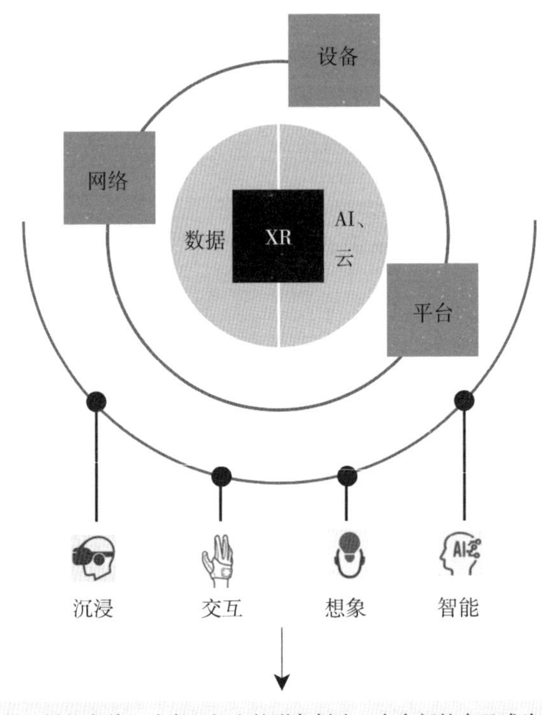

人间	与自己一样的容貌，或者以超人的形象创造一个全新的自己成为可能
空间	从复制物理空间开始到设计全新的想象空间都成为可能
时间	可体现现在、过去或是回归重构的过去；通过虚拟模拟器可对预测性未来进行探索

图 2-7　复合通用技术提供的差异化体验价值 4I

NEST 互联网革命：元宇宙

考虑到已升级换代的便利性、交互性、图像空间的扩展性、通用技术的特性以及经济价值演化，我们预测元宇宙将逾越主导了线上革命的互联网时代，带来虚拟和现实融合的新革命。

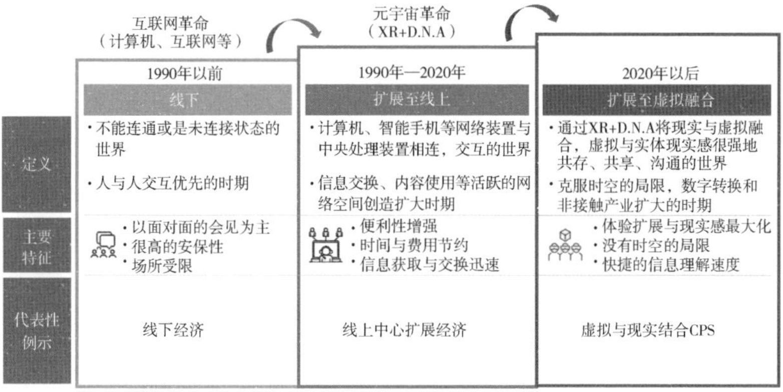

互联网革命（计算机、互联网等）→ 元宇宙革命（XR+D.N.A）→

	1990年以前	1990年—2020年	2020年以后
	线下	扩展至线上	扩展至虚拟融合
定义	·不能连通或是未连接状态的世界 ·人与人交互优先的时期	·计算机、智能手机等网络装置与中央处理装置相连，交互的世界 ·信息交换、内容使用等活跃的网络空间创造扩大时期	·通过XR+D.N.A将现实与虚拟融合，虚拟与实体现实感很强地共存、共享、沟通的世界 ·克服时空的局限，数字转换和非接触产业扩大的时期
主要特征	·以面对面的会见为主 ·很高的安保性 ·场所受限	·便利性增强 ·时间与费用节约 ·信息获取与交换迅速	·体验扩展与现实感最大化 ·没有时空的局限 ·快捷的信息理解速度
代表性例示	线下经济	线上中心扩展经济	虚拟与现实结合CPS

图 2–8　NEST 互联网革命：元宇宙

	互联网时代（2020年以前）	元宇宙时代（2020年以后）
教育	局限 ·难以掌握每个人图像以外的行动 ·难以阻断实际环境中动物介入等外部因素 ·用2D图像水平的交互，难以集中教育 （基于2D图像的视频教育）	创新因素 ·可使用无限空间和资料（3D资料共享等） ·可进行接触式交互 ·可确认每个人的行动 （基于增强现实的三维空间应用教育）
购物	局限 ·访问线下卖场，试穿等消耗时间 ·产生线上尺码与线下尺码的差别 （线下卖场购物和在线购物）	创新因素 ·可进行专对个人订购制作商品的虚拟体验 ·减少逛商场、试衣等所浪费的时间 （家庭中利用AR镜子试衣与购买）

图 2–9　互联网时代的局限与元宇宙时代的创新因素

元宇宙革命将以创新克服互联网时代的局限，创造新的体验价值。元宇宙革命将不会局限在特定的工业领域，而是对全产业领域和社会整体产生影响。基于 2D 图像的在线教育和视频会议可能带给人的郁闷感，在拥有无限空间和可使用资料的元宇宙空间中将消失，人们将不用再担心从网上购买的衣服和鞋子的尺码是否合适。在元宇宙时代，企业也将迎来革命性变化，超越时空的生产、管理、营业等企业活动和研发所需时间将大大缩短。

	互联网时代（2020年以前）	元宇宙时代（2020年以后）
海外设施管理	局限 ·移动到海外设施所需时间、经费不可避免 ·发生问题时，不能立即采取对策 ·不能回避国家/政府的风险 设施访问/出差管理	创新因素 ·在总公司就可对海外设施进行实时的模拟管理 ·易于进行设施Layout再部署等多种创新活动 基于数字Twin的设施管理
新研发	局限 ·试验品模型生产与实际大小难验证 ·设计扩展需很长研发时间 电脑设计与检验模型生产	创新因素 ·可进行不受研发者所在地约束的联合设计 ·在试验品模型中难以检验的错误检查 ·可用低费用研发多种产品品类 虚拟设计与检验

图 2-10　互联网时代的局限与元宇宙时代的创新因素

新冠肺炎疫情“非接触时代”下的元宇宙

“在过去的一年中，大部分人几乎不可能去不同的国家旅行，人员不能在密闭空间内聚集，社交活动困难。这是一种令人十分焦虑的生活。我认为目前这种日常生活体验将虚拟世界，即向元宇宙的升级提前了10年。”正如SK电讯公司的CEO柳迎项所言，由于新冠肺炎疫情，人们大部分的社交沟通都转移到了非接触空间，元宇宙就更加受人瞩目。元宇宙主导了人们沟通、工作、娱乐方式的变化，在新冠肺炎疫情严重的状况下，迅速成为游戏改变者，给社会增加了活力，拉动着经济增长。在非接触的状况下，元宇宙为什么会受到更多的关注呢？

提供丰富信息之元宇宙

在非接触情况下使用元宇宙平台，会比原来的2D线上沟通方式传递更加丰富的信息。根据媒体丰富度理论，为了进行有效沟通，人们需要具备与所传递的信息复杂性成正比、能充分信息传递的沟通手段。如果准备传递的信息比较简单，使用文字或是邮件进行沟通均可。而在很复杂的情况下，直接会面，利用大量信息进行讨论是最好的方式。准备传递的信息越复杂，就越需要通过电话、视频会议、面对面对话等语言信息和声音、表情、肢体语言等非语言性信息进行传递。

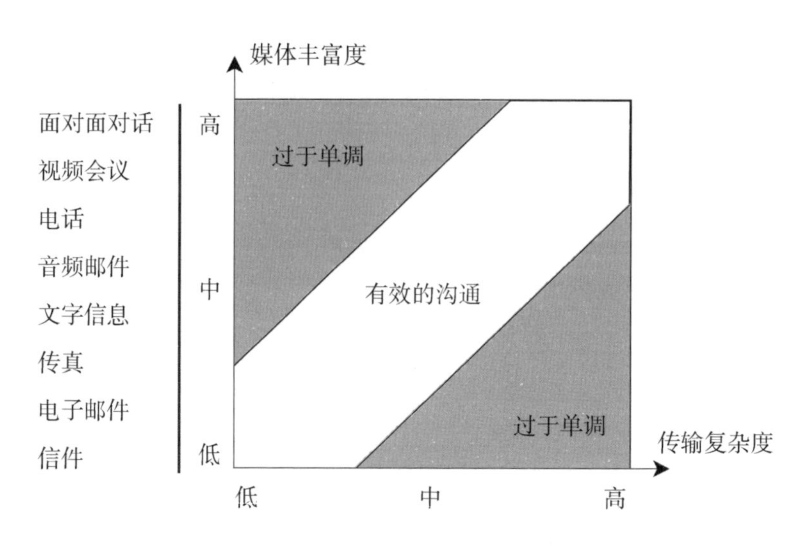

图 2-11　媒体丰富度理论

根据梅拉宾法则，在沟通中起作用的要素里，语言的影响效果所占的比重不过 7%，声音、肢体语言、表情、态度等非语言部分的影响效果占到 93%。与基于 2D 网页的线上沟通方式相比，元宇宙中能够综合利用视觉、听觉、肢体语言、面部表情等信息完成沟通。

如果我们以这样的方式来使用元宇宙，就能在虚拟空间中传递信息，提高用户的注意力，进行更有效的沟通。根据 Meetin VR 统计，开虚拟现实会议，会议参加者的注意力集中度比一般的视频会议会高 25%。让我们来回想一下开电话会议时的情况吧！你有没有在会议进行中做别的工作？有没有吃零食、发邮件、写短信？根据《哈佛商业评论》的研究结果，电话会议参加者在会议时间内，处理别的业务、发邮件、吃零食、写短信、上社交媒体、网上购物等，使得注意力集中度下降。为了与别人聊天、去洗手间或是接电话，人们常常会把正在参加的移动电话会议调整为静音模式。

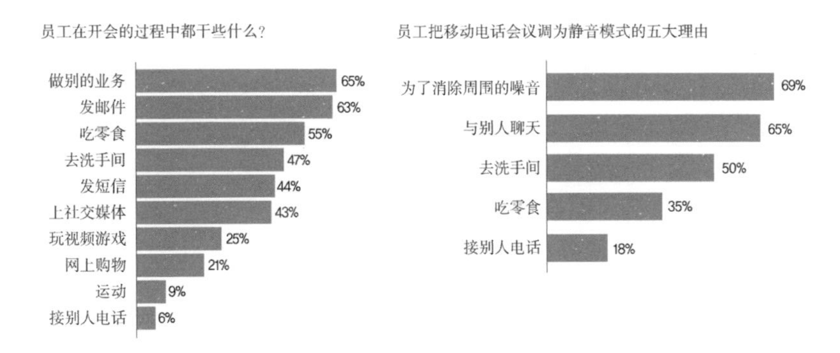

图 2–12　电话会议参加者行动调查结果

用不同的观点来比较线下会议、线上会议和元宇宙会议，就会明白为什么在非接触的状况下，元宇宙技术是有效的。在上述三种类型会议上都可进行主旨演讲和讨论。在需放置展品的情况下，线上会议一定程度受限，但在元宇宙会议中利用3D展示，就会克服这种局限，提高参与者沉浸度。元宇宙会议与线下会议相比，参与者的沉浸度偏低，但节约了费用和时间。我们能够对参与者实际关心了什么内容，积极参加与否等问题进行分析。

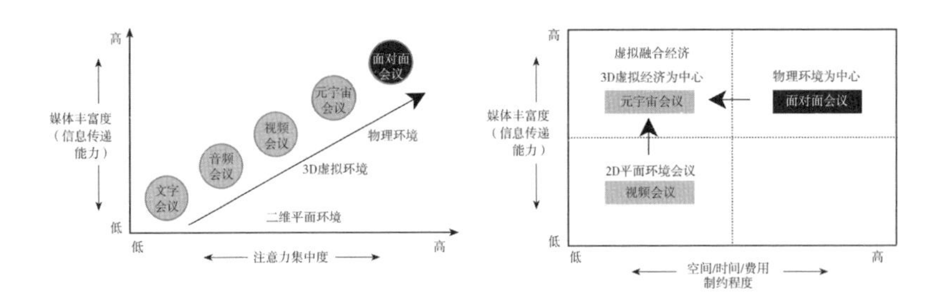

图 2–13　媒体丰富度（信息传递能力）

表 2-2　线下会议、线上会议和元宇宙会议比较

要素	线下会议	线上会议	元宇宙会议
主旨演讲	可能	可能	可能
讨论	可能	可能	可能
展示	可能	受限	可能（利用 3D）
联网 / 协作	可能	受限	可能（利用角色）
实时数据分析	受限	可能	可能
参加费用 / 时间	高	低	低
沉浸度	高	一般	高

拆除第四墙之元宇宙

第四墙是指在一般剧场舞台内所设置的三面墙壁之外，舞台与观众座席之间透明的墙。当然这是不存在的想象之中的墙壁。观众透过这个墙壁，观看舞台上展现的演员们的表演，沉浸在剧情之中。演员们就当观众不存在似的进行表演。元宇宙拆除了这个第四墙，互动技术使观众从观看者角色变成演出的实际参与者，从而获得更好体验。

伦敦大学 Marco Gillies 教授对呈现元宇宙的沉浸式技术有过以下论述：“在沉浸式技术里没有第四墙，实际上我们存在于故事的世界内，将我们从人格中分离出来的、形而上学的墙壁并不存在。我们与他们在同一间房内。”在互联网时代，我们听着创作者们创作的故事，

在生活中消费着大部分内容。但是在元宇宙时代，我们直接参与到故事中来，以主人公的视角与故事同在。关于元宇宙，经营卢卡斯电影胶片游戏实验室的 Vicki Dobbs Beck 说："喜欢参与、共同创造有趣的故事是人的本性，重要的不是来讲故事，而是要能够直接体验故事、活在故事里。"

在第四墙消失的元宇宙中，人们能够得到近似实际的面对面体验和共识。

在元宇宙中感知身体所有权

"身体所有权"是指人对自己身体属于自己的一种特别感觉。即使大脑不属于自己身体的一部分，通过视觉、触觉来学习，认知到这就是自己的身体。代表性的例子就是橡胶手错觉实验。实验表明在特定的情况下，实验参与人员会把橡胶手感觉为是自己真正的手。橡胶手错觉实验刊登在 1998 年《自然》杂志上的一篇文章中，在当时成为一个热门话题。此研究表明，当对实验参与人员看到的橡胶手和看不到的自己的手施加相同的刺激时，实验参与人员会把橡胶手错认为是自己的手。出现这种现象的原因是通过视觉和触觉，大脑适应了橡胶手是自己身体一部分的判断。

在元宇宙中，身体所有权的体验是可能的，从而就能提高网络用户的沉浸感和体验价值。利用头戴式显示器进行的身体所有权实验中，也得出了与橡胶手错觉实验相似的结果。

超越以上的实验研究，在元宇宙中实际上正通过控制器、数据手套等多种方法来传达感觉。电影《少数人通信》中亮相的数据手套在现实中也已经出现，虚拟空间中叫作手套的输入装置已能够操控信息。这并不是单纯地在虚无的空间中做做手势，而是像在虚拟空间中抚摸特定物品一样能感到触觉，新时代到来了。

在虚拟空间中，通过头戴式显示器和控制器来抚摸物体，利用震动识别事物，通过使用数据手套可体验到真实的触摸感。Teslasuit 公司研发的数据手套是一种手套模样的控制器，用户戴上手套运动手指，就能识别以触觉传感器为主的各种运动触觉、生命体识别传感器的活动。如同在电影《少数人通信》中展示的一样，依靠这种方式在虚拟现实环境中可进行各种信号的传输。让我们来想象一下，在穿戴了头戴式显示器后看到虚拟空间中有一双虚拟之手。如果现实中的手戴上手套运动，那么在虚拟空间中的虚拟之手也会用同样的方式移动。特斯拉手套的每个手指上都排列着九个电极，通过这些电极向用户传导在虚拟现实环境中抚摸物体的触觉，同时也收集手腕和手指运动、脉搏测量和心脏跳动次数等信息，能测定用户因压力引起的其他物理性反应。

元宇宙与体验效果

用户在基于 3D 的元宇宙环境中，能比较容易快速地获取信息。物理性世界里，使用的数据多是二维图像和纸张。由于现实世界与数字世界间的鸿沟，大量信息无法使用。在“XR+D.N.A”体现的元宇宙世界中，数字图像和数据间或与虚拟现实相重叠，展示在信息应用层面，使得理解信息、使用信息更加快捷容易。与以纸张、图像为主的象征性标志性体验相比，基于现实的直接体验可以提高记忆水平。

根据经验之塔理论，人们能记忆阅读的 10%、听到的 20%，但对实际体验到的却可以记忆 90%。

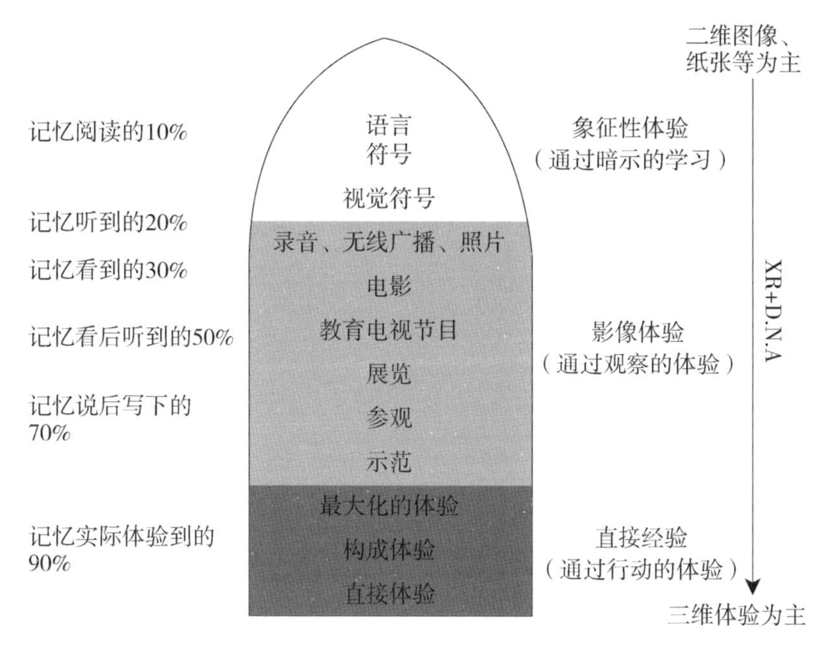

图 2–14 经验之塔理论与“XR+D.N.A”的作用

在元宇宙中的体验效果连接着用户共识。利用虚拟现实技术开展无家可归的体验后，人们对住房支援请愿的赞成率大大上升；利用虚拟现实技术体验曼哈顿直升机观光后，纽约实际的观光签约率上升了 190%；某眼部护理公司上市虚拟现实重塑服务，消费者体验后，公司的品牌美誉度提高了。

“新冠蓝”与元宇宙

“新冠蓝”（COVID-19 Blues）是指随着新冠肺炎疫情给人们生活

造成重大变化和诸多不便而产生的郁郁寡欢、无精打采等心理异常的症状，是一个新造的词语。利用元宇宙技术，在一个地方就能参加多种社会活动，所以能减少因“新冠蓝”而产生的疲劳和不安。由于新冠肺炎疫情可能长期存在,“新冠蓝”不断扩大。最近在一份有关“新冠蓝”的调查中，54.7% 的人回答体验到了忧郁和不安，感到忧郁和不安的原因中有 22.9% 的回答是烦闷。在新冠肺炎疫情期间，“新冠蓝”的点击量迅速上升。

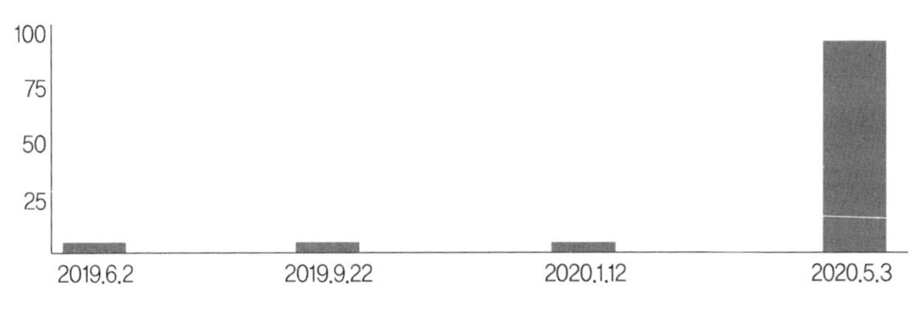

图 2–15 “新冠蓝”点击量变化

由于新冠肺炎疫情的发生，封闭、隔离、宅家工作使得大部分社会性功能在一个地方完成，“自我复杂性”减少，压力增大。“自我复杂性”是表示从多少个面来认识一个人的自我的概念，具有多个自我面的人一旦有一个自我面承受到压力，其他的自我面就会起到缓冲压力的作用，比起只有一个自我面的人而言得抑郁症的概率相对偏低。法国英西娅・吉安帕耶罗・佩特里格利里（音译）教授在接受 BBC（英国广播公司）记者采访时讲：“我们大部分的社会性作用是在别的地方产生的。试想一下，我们在同一家酒店里与教授聊天、会见父母、约会。感觉是不是有点奇怪？在诱发不安的危机状况下，我们被禁锢在自己的空间里。”在元宇宙世界，在一个地方就可以承担起多种状况下的社会性作用，因此有助于解决上述各方面的问题。

平台、技术创新、投资助力元宇宙发展

“元宇宙”飞船即将起飞

从过去到现在，关于元宇宙的讨论一直在进行着，持续的提问是“元宇宙什么时候会正式地传播开来”。在《赛我》和《第二人生》上市的时候，人们对元宇宙传播的期待很大，后来关心逐渐减少，直到《宝可梦 GO》的出现，关注度再次高涨起来。

但是符合顾客预期的创新还是没有出现。随着相关企业破产的消息，人们对元宇宙技术产生了怀疑。连续研发智能玻璃 20 多年的德国 OGD 集团承受不住持续的财务赤字，于 2019 年破产；2013 年设立的美国 Mata 公司、2010 年创立的 Daqri 公司也在同一年倒闭。

之后 5G 技术开始应用于商业，人们对应用了 5G 技术的超沉浸式服务的关心再度高涨，成功事例开始出现，元宇宙技术受到关注。这次元宇宙真的会扩散吗？

元宇宙是否会正式地扩散开，我们可以从三个方面提出问题。第一个问题是“引领元宇宙革命的平台是否正在涌现？”如同过去移动通信革命一样，平台生成新业态，新业态网络效果促进设备与服务的共同发展，产生新的创新。这里我们有必要探讨一下，不管是谁，能否比较容易、快速、低价研发、参与元宇宙平台？如果现实中有这样的例子，那么用户基础是否充足？第二个问题是“出现在元宇宙技术领域的创新能否持续？”技术创新与因技术创新而产生的性能提高、费用降低是元宇宙大众化非常重要的条件。是否存在持续不断地去主导元宇宙创新的市场参与者，将成为元宇宙能否扩展的重要条件。第三个问题是“投资是否正在投向元宇宙领域？”超越潮流，实际的投资人是否认识到元宇宙企业是未来投资对象，是检验元宇宙是否扩散的重要条件。所以接下来，我们将从平台、技术创新和投资观点三个方面分析元宇宙是否即将起飞。

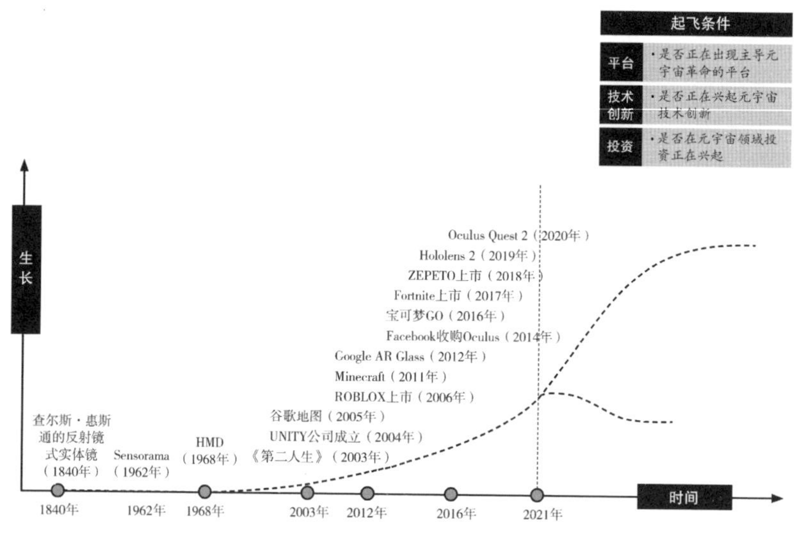

图 2-16 元宇宙起飞的条件

元宇宙起飞的动力：平台

元宇宙正结合游戏、社交媒体等服务平台迅速扩张中。如果说现有的游戏以完成任务、消费为主的话，在元宇宙平台上，用户用自己的创意生产虚拟资产，获取收益，与其他用户一起进行开展形式各样的社会、文化交流活动。从这个意义上来看，传统游戏与元宇宙游戏是有差别的。这里存在着元宇宙参与者的收益模型，加入者迅速增长的平台在世界上有很高的竞争力。据预测，平台将成为元宇宙扩张的动力。

元宇宙平台企业与各种拥有知识产权的企业家结成协作合作关系，事业领域正在急速扩张中。时装、娱乐、制造、广播、教育、公共部门等多领域的 IP 企业家，将元宇宙的主要用户定位在 10—20 岁年龄层，将他们视作元宇宙的主要消费群体、宣传沟通的对象，参与到元宇宙平台的建设中。IP 企业家在时空不受限的虚拟空间里，可进行宣传活动，创造附加收益；元宇宙平台给用户提供丰富、差异化用户体验。元宇宙用户购买基于 IP 的项目（皮包、衣服等），给自己的虚拟角色穿戴和使用，或者在现实世界中购买与此相似的产品。

越来越多的 IP 企业家，正在直接以自己企业 IP 为基础来构建新元宇宙平台。构建自己元宇宙平台的企业家，计划通过这些新平台，推动与其他 IP 企业家、平台企业家的合作，提供最适合自己公司 IP 的元宇宙服务，寻求确保企业成长机会。

表 2–3 元宇宙游戏、社交媒体平台举例

分类	内容
《罗布乐思》（游戏）	全世界用户：1.64 亿（2020 年 8 月标准）；可自己创造虚拟世界，可实时玩的平台；有的用户通过游戏开发、装备开发年收入可达 10 万美元；罗布乐思虚拟货币通用，经济生态系统完备的第二现实世界

续表

分类	内容
《我的世界》（游戏）	全世界用户：1.12 亿（2019 年标准）；用户可任意地积累乐高等区块，来创造新虚拟世界游戏；2011 年开始提供服务后，微软公司以 3 万亿韩元的价格收购
《堡垒之夜》（游戏）	全世界用户：3.5 亿（2020 年 5 月标准）；2017 年上市，用户在 BATTLE ROYAL 和 PARTY ROYAL 空间中共同度过有趣、舒适的时光；美国著名歌手特拉维斯・斯科特举办的虚拟演唱会取得比线下演出高 10 倍的收益
ZEPETO（社交媒体）	全世界用户：2 亿人（2020 年末标准）；基于 3D 虚拟化身的社交媒体网络服务；用户制作 AR 时装类装备可获得收益；ZEPETO 组织的虚拟 BLACKPINK 粉丝签名会达 3 000 万人，虚拟化身表演观看人数突破 4 000 万人
SANDBOX（游戏）	基于区块链技术的虚拟游戏、生活平台；平台内流通的 SAND 币可以在虚拟货币交易平台 UPBIT 和 BITHUMB 中进行交易
DECENTRALAD（生活）	基于区块链技术的虚拟生活平台；用户可直接设定名字和虚拟化身后，探险虚拟世界；用户可对数据更新、土地买卖等社区相关事项进行投票表决，没有用户同意不可改变游戏世界观

表 2-4　元宇宙平台与 IP 企业家们携手合作事例

分类	内容
古驰（时尚）	古驰与基于社交媒体元宇宙平台 ZEPETO 协作，上市应用了古驰 IP 的角色时尚装备，构建了品牌宣传专用空间；与网球精英手游游戏牵手，上市符合游戏角色的特色服饰，相关服饰可在古驰网站购买
路易威登（时尚）	与基于游戏的元宇宙平台《英雄联盟》牵手，利用路易威登 IP 制作、上市《英雄联盟》特质的服装、鞋子、皮包、饰品等 47 种装备
耐克（时尚）	与 ZEPETO 牵手，上市虚拟形象鞋子等时尚装备；与元宇宙平台《堡垒之夜》合作，上市虚拟鞋子装备

续表

分类	内容
YG，JYP （娱乐）	创造 ZEPETO 所属艺人专属的个性化虚拟空间，置放所属艺人的虚拟化身，开展粉丝签名会、演出等活动
迪士尼 （娱乐）	在 ZEPETO 平台上推出运用冰雪奇缘卡通形象的虚拟化身；在《堡垒之夜》平台上出品使用漫威银白角色的虚拟形象服装等
LG 电子 （制造）	在基于游戏的元宇宙平台《集合啦！动物森友会》游戏空间，布置 OLED 岛，宣传 LG 的 OLED 电视，组织游戏活动等
DIA TV （节目）	ZEPETO 与 CJ ENM 的单人创作者支持项目 DIA TV 缔结合作关系，共同合作推进 DIA TV 的油管内容进军 ZEPETO、ZEPETO 平台上的网红进军油管活动
顺天乡大学 （教育）	在 SKT 元宇宙平台 JUMP VT 内，打造顺天乡大学总校的运动场，大学校长和大学新生以虚拟化身参加开学典礼
韩国旅游发展局 （旅游）	在 ZEPETO 上创建介绍首尔益善洞、汉江公园等旅游名胜的虚拟空间，开展以海外 ZEPETO 用户为对象的韩国旅游宣传活动

元宇宙平台具有很多优势，如没有时空限制的可扩展性、与现实世界相似的真实感、对 10—20 岁年龄层未来潜在用户的接近性、与中心社区连接等。这些优势，促使全球名牌企业、IT 企业的 IP 企业家们争先参与元宇宙平台的研发。这些企业家们期待，通过虚拟与现实相融合的元宇宙平台，增强 IP 活跃度，挖掘新客户，提升品牌价值，提高销售业绩。

表 2–5 IP 企业家构建元宇宙平台事例

分类	内容
HYBE 股份公司（以前的 BIG HIT 娱乐）（娱乐）	某韩国男子组合所属公司，HYBE 上市全球粉丝社区 Weverse 后，韩国国内外艺术家 IP 持续增加；推进与 NAVER 协作，将向成为元宇宙平台方向发展
NC 软件股份公司（游戏）	出品利用游戏制作技术的 K-POP 平台 UNIVERSE；用户装扮成艺术家角色，或用虚拟化身来制作音乐视频
Korbit 股份公司（加密货币）	加密货币交易网站，构筑、实验互不认识的用户用虚拟化身可进行货币交易的空间 Korbit town
英伟达（制造）	上市“全能宇宙”（Omniverse）平台，为 3D 动画片、无人驾驶汽车研发人员等专家提供在虚拟空间的协作和实时模拟；只有在英伟达 RTX GPU 基础上才可驱动

迪士尼乐园正计划利用增强现实技术、人工智能技术、物联网技术，打造能提供融合现实世界与虚拟世界、用一种新方式讲故事的主题公园元宇宙。

在可预见的将来，元宇宙平台市场在“准备与 IP 企业家扩大合作的元宇宙平台企业”与“企图构筑自有元宇宙平台的 IP 企业家”间，将展开争夺主导权的联合与竞争。同样可以预测到的是，元宇宙市场将细分为一般大众提供服务的门户网站元宇宙平台、为特定领域提供服务的个性化专业元宇宙平台。

元宇宙平台扩展至全产业

元宇宙制作平台的应用领域不仅是在游戏域，而且正在扩展至全产业域，升级换代的平台如雨后春笋般不断涌现。Unreal、Unity 等研发引擎平台，在传统意义上主要应用于游戏的虚拟世界制作上，最近正扩展应用至多种产业，研发者生态逐渐壮大起来。

在建筑、工程、汽车设计、无人驾驶等产业领域，Unity 正在扩大虚拟游戏制作平台竞争力。Unity 的 CEO 约翰·里奇泰洛说：“Unity 平台正在向建筑、工程、汽车设计、无人驾驶等产业领域扩张。”Unity 创立于 2004 年，智能手机手游中二分之一是用 Unity 引擎制作的，用 Unity 制作的游戏每月被下载达 50 亿次以上。任天堂 Switch 游戏的 70%、XBOX 和 PS 中运行游戏的 30%—40% 都是使用 Unity 平台制作的。在 PC 端游戏市场，Unity 市场占有率达到了 40%。在使用 Hololens 增强现实软件市场上，Unity 占有率达到 90%，拥有很强的竞争力。

Unreal 是用 Epic Games 开发的游戏引擎，可打造与现实难以区分的高品质图像，所以被广泛应用于大型游戏制作。NC 软件公司的任天堂 2M、纳克森公司（NEXON）的 V4、跑跑卡丁车（KART RIDER）等都是用 Unreal 制作的。Unreal 还被应用在迪士尼制作的星球大战系列剧之《曼达洛里安》、HBO 公司的电视剧《权力的游戏》照片可视化上，电影《海云台》等的动漫（CG）视觉效果，气象预报频道虚拟工作室和平昌冬奥会开幕式增强现实效果等广播领域。此外，Unreal 在汽车工业领域也应用广泛，宝马、奥迪、迈凯伦、法拉利等公司把它用在汽车设计和汽车可视化、定制销售上。设计了东大门设计广场的萨哈·哈帝、三星来美安等建筑领域也使用着 Unreal。

谷歌公司和苹果公司发布了易于运行移动通信应用程序的研发平台“ARCore”和“ARKit”，并利用这两个平台推出了多种移动增强现实服务。利用“ARCore”和“ARKit”平台，能很容易地制作增强现实游戏。《宝可梦 GO》的研发公司、内容制造企业 Niantic，出品了增强现实开发者工具套件 Niantic Lightship。Niantic Lightship 工具套件包括传统 Niantic 真实世界里的研发工具、Niantic 游戏服务和 Niantic 平台，是一个全新的名称。《宝可梦 GO》也在使用这个平台。通过这个平台，研发者能开发出给人高沉浸感的增强现实应用程序。

利用元宇宙制作平台的研发者队伍正在壮大。有 50 万名以上的人员正在学习通过 Unreal 来构造三维立体世界的课程，数年内学习这门课程的人员将突破 100 万。正如全世界移动通信应用程序研发人员队伍达到 1 200 万人一样，预计将会组建很多支研发者队伍，来创建三维虚拟现实。

支持实现工业元宇宙的新平台持续面市，平台升级换代的速度很可能加快。美国人工智能计算领域先驱企业英伟达发布了“全能宇宙”（Omniverse）平台，此平台能以协作的方式轻易快速地实现同现实世界一样的虚拟世界。英伟达公司 CEO 黄仁勋提到“元宇宙并不仅存在于游戏中”，暗示了元宇宙应用于全产业的可能。“全能宇宙”是一个支持以弹性工作环境来打造元宇宙的平台。在“全能宇宙”平台上，不同地点、不同的人一起工作。如果谁要造个模型块，那么谁涂漆，谁安装照明，谁用摄像机摄像，都会被全过程监督。传统作业是一个人的工作做完了，才轮到下一个人的串联结构，“全能宇宙”是一个多人同时工作、同时确认的系统。

创造虚拟人（机器人）的平台

2018 年《时代》周刊选出了互联网最有影响力的 25 位人

物，其中一位是米尔·米凯拉（Lil Miquela）。米尔·米凯拉是美国人工智能初创企业 Brud 公司 2016 年推出的一个虚拟人（Virtual Human），她的身份是模特和音乐家。到 2021 年 4 月，米尔·米凯拉在 Instagram（照片墙，一款社交手机应用）里的粉丝达到了 305 万人。她给香奈儿、普拉达公司做模特，发售单曲唱片，在英国正版流媒体服务平台 Spotify 上占据第 8 位。她也与真人合作，曾与美国歌手泰亚娜·泰勒合作录制发布音乐 *Machine*，推出了个人服装品牌“Club 404”。据英国在线购物公司温拜（OnBuy）推算，米尔·米凯拉 2020 年收入达 1 170 万美元。假如你也能免费、轻易、快速地开发出机器人，那会是一种什么状况呢?

不断有能轻易制造虚拟人的平台出现。随着元宇宙技术的扩展，虚拟空间应用范围变宽。利用高超电脑图形技术，虚拟人拥有真人的面孔、行动和相似形态，达到难以与真人区分的超现实结构。利用嫁接了人工智能技术的声音识别、自然语言和声音合成等技术，研发出来的虚拟人可以与真人一样对外界事物产生反应，能够与人进行对话。

为在元宇宙空间中进行与实际生活中面对面相近的有效沟通，我们需要用与真人差不多的面孔、表情和行动等来增强虚拟化身，使其更加逼真。人们通过面部活动向对话方传递包括笑容、皱眉等情绪性反应的非语言类信息，以此来交流感情，形成共鸣。在元宇宙空间中，拥有极其逼真的面部和表情的虚拟人，将起到服务节点的作用，使人们能以更加舒适亲切的方式对话。

人们在研发传统机器时，费时费钱，需要专业技术。现在由于人工智能技术、云技术、计算机动画技术（CG）的发展，制作一个虚拟人是一件轻而易举的事情。Epic Games 公司出品了一款捏脸建模工具 Meta Human Creator，任何人都能利用这款工具在不到一个小时内就比较轻松地制作出虚拟人，而在过去这需要几个月时间。

美国数字人研发企业 UneeQ，发布了一款数字人开发平台 UneeQ Creator。在这个平台上，利用 UneeQ 公司预设的 9 名虚拟人角色，可轻松地进行虚拟人研发。美国人工智能技术企业 IPsoft 发布了“数字雇员研发工具”（Digital Employee Builder），利用这个工具可以制作对话型虚拟人。总部位于旧金山的 Soul Machines 公司，发布了基于云端、能够制作虚拟人的研发工具“数字 DNA 工作室”（Digital DNA Studio）。

随着能够直接、快速制造虚拟人研发工具的出现，实现了虚拟人制作专业知识民主化。没有专业人才的企业也能在自己公司服务中使用虚拟人，在多领域研发出了新应用，因此创造出了事业新机遇。据预测，在对话型人工智能服务、虚拟秘书等市场成长的同时，虚拟人应用场景将会增多，对话型人工智能市场将以每年 21.9% 的速度增长，到 2025 年，市场规模将扩大至 139 亿美元，50% 的知识工人每天都会使用虚拟秘书。

目前，虚拟人应用在娱乐、流通、教育、金融、广播等领域，今后应用范围将会继续扩大。使用虚拟人的方式多种多样，在娱乐领域，主要是虚拟模特、虚拟演员、虚拟歌手、虚拟网红、虚拟游戏等角色。在流通和金融领域，主要是用在品牌和商品、服务宣传、顾客响应、播音等方面。在教育培训领域，主要用在教师、教育培训对象方面。在健康管理领域，主要用于健康咨询、运动教练等方面。据美国市场调查机构商业内幕情报（Business Insider Intelligence）预测，

2022 年全世界企业应用虚拟人进行营销活动执行的预算将达 150 亿美元。

在元宇宙平台工作

不动产企业“置房”的职员每天在元宇宙上班。在置房公司没有传统意义上的办公室，公司大约有 200 名全职职员在自己喜欢的场所上班。设立在韩国首都圈一带的置房休息室，是公司人员可自由使用的空间，供员工召开外部会议或举行活动之用。这些据点休息室中一个用作公司总部办公室。作为与办公室不同的新空间，置房休息室与 Wework 共有办公室概念不同。置房休息室类似于飞机场休息厅，职员可自由选择来作为线下会议和聚会的场所。现在，置房公司已引进使用元宇宙工作平台 Gather Town。

元宇宙工作平台正引领着沟通和工作方式的新变化。在非接触时代，很多元宇宙业务平台快速成长起来。利用了虚拟技术的这些工作平台，最大限度地复活了线下体验。Gather Town 就是一个代表性的平台。Gather Town 用游戏和图像来呈现线下办公室，人们互不干扰。一个人只能同在虚拟形象周围五步内的人员对话，离得越远，连接就越容易中断，听不清，声音也传不过来。

Team Flow 平台也采用了与 Gather Town 一样的模式，用虚拟技术最大限度地呈现出线下工作环境。像在线下把资料放在会议桌上一样，支持在虚拟会议室内放上文件使用。HOPIN 也是一个虚拟工作平台，仅一年时间就成长为一个营业额达 2 万亿韩元的企业，最多时可容纳 10 万人同时在线。到 2020 年 10 月，有 3 万多个企业和团体使用 HOPIN 提供的服务，这些企业在线上组织的活动达 46 000 件。

游戏、生活沟通类元宇宙正尝试向工作平台转型，新元宇宙工作平台陆续出现。罗布乐思在“投资者之日”（Investor Day）宣布了向工作平台转型的计划。脸书[①]也在“2020 脸书链接（Facebook Connect）”活动上发布了 Infinite Office 平台，在该平台上，在没有电脑的情况下，只戴着虚拟现实头盔“Oculus Quest”，也能在虚拟办公室工作。提供基于虚拟现实远程协作工具服务的 Spatial 使用量，比新冠肺炎疫情前增长了 10 倍，令人关注。

微软公司向世人推出了引领元宇宙时代的工作和协作平台“Microsoft Mesh”，这是一款支持用户即使在不同的地方也能感觉像是在一个房间一样的混合现实（MR）平台。如果使用“Microsoft Mesh”平台，在教育、规划、设计、医疗等领域，就可实现超时空合作。基于 2D 的微软协作平台与基于 3D 的“Microsoft Mesh”平台将一体化，同时与多产业融合发展。今后微软公司计划把“Microsoft Mesh”与“Microsoft Teams”和“Microsoft Dynamics”进行一体化升级，支持合作伙伴在这个平台上尝试各种创新，提供一种新业态平台，开启无限可能的新时代。

---

① 2021 年 10 月 28 日，Facebook（脸书）公司 CEO 马克·扎克伯格宣布，将 Facebook 公司的名字改为 Meta。后文不再重复标注。（译注）

元宇宙技术创新与网络效果

由于技术创新，支持元宇宙的虚拟现实和增强现实沉浸式设备价格呈现下降趋势。1991 年沉浸式设备平均价格是 41 万美元，到 2020 年 2 月下降到 2 万美元，根据手机发展趋势进行预测，到 2030 年将降至 1 700 美元。

作为一种代表性的沉浸式设备，Oculus 公司出品的 HMD 设备 Oculus Quest 2 就是一个典型的技术创新模型，在提高性能的同时降低了价格。

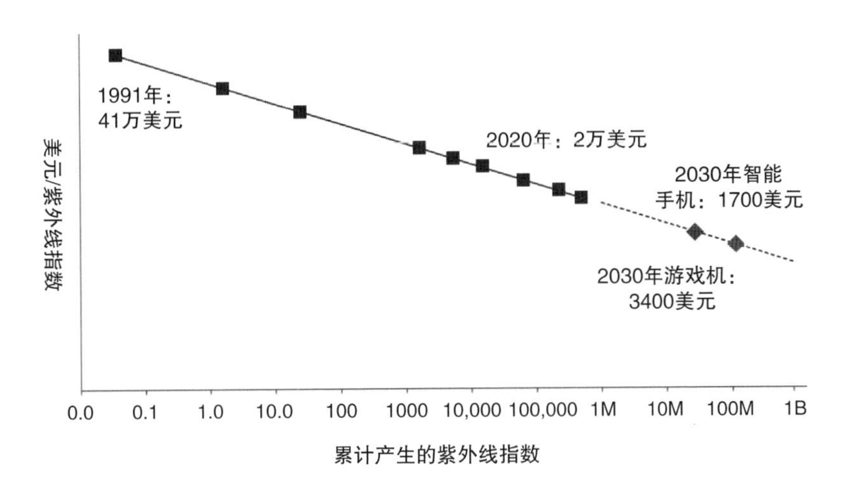

图 2–17　沉浸式设备费用下降曲线

从销量来看，Oculus Quest 2 助推着沉浸式设备大众化时代的到来。据悉，2020 年第 4 季度卖出了约 140 万台 Oculus Quest 2，2021 年 2 月销出了大约 500 万台。第一季度销量与 2007 年苹果手机上市后 139 万台的销售量维持在同一水平。Oculus Quest 2 上市 5 个月后在 Steam 增强现实平台登顶，成为被最多使用设备的第 1 位。在韩国，

SK电讯公司正在销售 Oculus Quest 2，第一批货仅3天就销售一空，第二批货4分钟内被抢购一空。与世界主机游戏擂主索尼公司2020年11月上市的PS5当年销售450万台相比，这个成果相当惊人。因此，Oculus Quest 2被评为第一款增强现实大众化设备。这预示着虚拟现实设备超越创新接受阶段，向大众走来，成为登陆元宇宙的重要链接点。

表 2-6　主要 VR 设备比较

项目	Oculus Quest 2	Oculus Quest	Valve Index	HTC Vive Cosmos	HP Reverb G2
价格（美元）	299	399	999	699	599
像素	1832×1920	1440×1600	1440×1600	1440×1700	2160×2160
重量（克）	503	571	809	645	550
屏幕分辨率（赫兹）	72-90	72	80—144	90	90

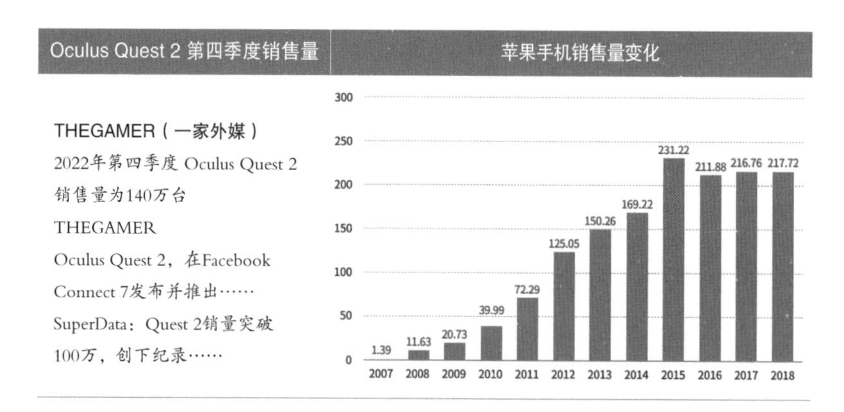

图 2-18　Oculus Quest 2 与苹果手机销量

随着虚拟现实设备使用范围扩大，结合PC、控制装置、VR向用户提供的元宇宙体验增多，体验向高级化方向发展。虚拟现实设备通过 PC、移动设备、控制装置、VR，可链接至罗布乐思平台。由于很高的价格和重量，原先的 VR 使用比例较低，但伴随着 VR 设备的大众化趋势，其使用比例将会增大。2020 年罗布乐思用户中移动用户的比例是 72%。Oculus Quest 2 设备与原来相比轻了 10%，价格下降了 100 美元。在 2016 年上市的 PS4 推出 6 年之后，索尼公司计划 2022 年向公众开放它的 PS5 VR，这样人们利用 VR 连接元宇宙机会将会更多。最近索尼公布了连接在 PS5 上的第二代 VR 控制器。

元宇宙技术创新带动了相关设备、软件和内容的销售。由于设备更新，相关链接和软件、内容使用量增加。以 2019 年为转折点，有关虚拟现实的软件、内容销售呈涨势，Oculus Quest 商店标题（Title）各价位交易量上调。2020 年 Oculus Quest 商店标题销售没有超过 10 万美元的，但是 2021 年 2 月数据显示已登记有 6 个。此外，2021 年 2 月数据表明，Oculus Quest 商店所有标题销售价位中，销售额高于 2020 年。

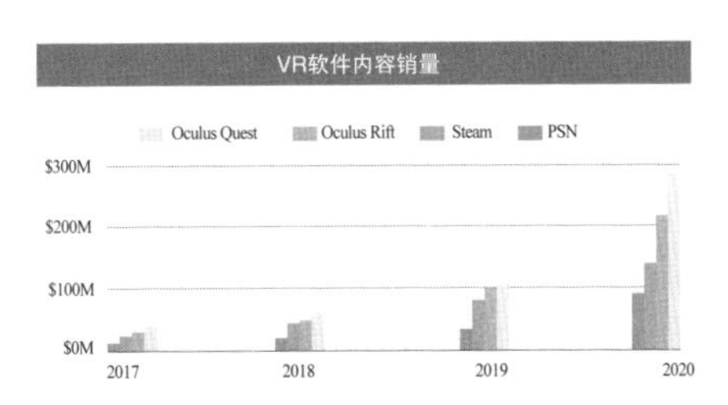

图 2-19　VR 软件内容销量

使用游戏平台 Steam VR 的用户呈扩大趋势，相关软件、内容销量和使用时间同比大幅增加。使用 Steam VR 的人数在 3 年内突破 100 万，之后又在 1 年内突破 200 万人，又用了 6 个月突破 250 万人，目前接入的用户还在继续增加。2020 年，Steam VR 软件和内容使用 1.4

亿次，加入新用户 170 万，收益提高了 71%，用户停留时间增加了 30%。

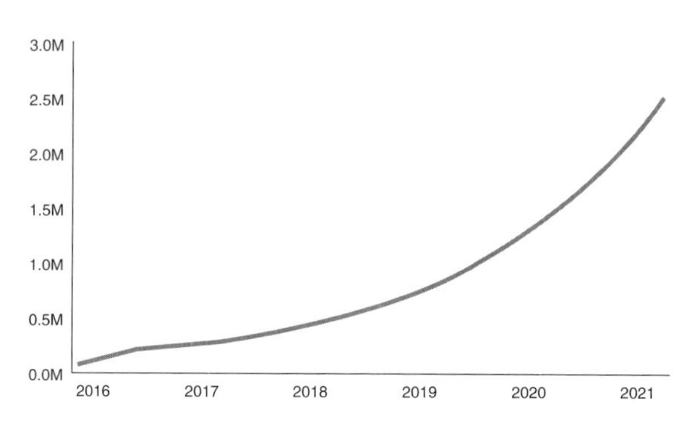

图 2-20　Steam VR 登录人数变化趋势

为了确保元宇宙技术的创新力量，软硬件专利研发正在增加，这种技术创新的趋势将继续维持。体现元宇宙的增强现实软件、增强现实硬件以及云、传感器等各种具体技术的专利研发正在增加。

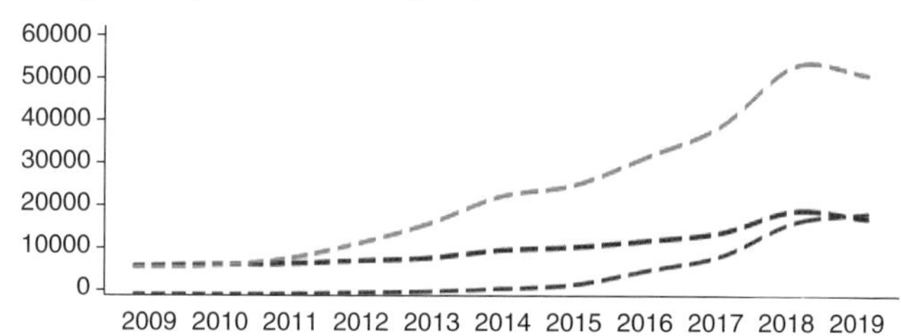

图 2-21　有关元宇宙的专利数量变化

加速进行中的企业元宇宙创新竞争

全球 IT 企业发布了各种元宇宙领域技术创新项目，预告着这个领域的技术创新竞争。脸书在年例性活动“脸书链接”中，与合作企业共享了增强现实眼镜、协作平台等新元宇宙创新愿景。脸书将原来年例活动的名称“Oculus 链接”改为“脸书链接”，将公司内部的AR、VR 研究小组整合为现实研究室（Reality Lab），倾注全公司力量来进行元宇宙技术创新。脸书正在着手准备不用电脑、仅戴着 Oculus Quest 2 虚拟现实 Headset 来处理业务的工作平台 Infinite Office、虚拟现实平台“地平线”（Horizon）、最适合移动设备的增强现实滤光镜制造平台 Spark AR 等进行平台创新；计划与太阳镜制造公司 Ray-Han 携手，用正在制作中的 AR 眼镜 Project Aria 来进行设备的更新换代。

苹果公司正对元宇宙领域持续追加投资，提出愿景，准备进行技术创新。苹果公司 CEO 蒂姆·库克曾说过：“增强现实技术将是下一个风口，将支配人的全部人生，做生意的人和其他消费者全都使用 AR 技术将成为家常便饭。”苹果公司从 2016 年开始就一直在元宇宙项目上投资，据悉它计划在近期上市“AR 眼镜”。苹果公司已完成对专注虚拟技术初创企业“NextVR”的收购。《华尔街日报》报道：“苹果公司收购 NextVR 是一个信号，表明苹果对拥有 VR、AR 技术的野心。”苹果公司以 2016 年收购 FLYBY Media 公司为发端，一直在持续并购 Metaio 等元宇宙类初创公司。

微软公司已经认识到元宇宙将是未来企业成长的动力，正在扩大与元宇宙相关的生态系统。它收购了 Hololens 混合现实设备、Altspace VR 沟通平台等，一直持续投资元宇宙领域。微软研发出了 Chat bot 专利技术，应用这个技术，不管是谁都能轻易制作出 2D、3D“超人”（MetaHuman）并进行对话。微软正在努力进行元宇宙创新。

表 2-7　苹果公司元宇宙动向

项目现状	投资动向
2017 年 AR 研发平台 AR KIT 上市 2019 年公布 MR headset 专利 2020 年有关 AR 技术的专利申请（自动对焦、虚拟内容触摸等） 预计 2022 年上市 AR/VR 相结合的独立型 headset	2016 年 1 月弗吉尼亚工业大学 HC 中心负责人 Doug Bowman 加入 2017 年 6 月收购 VR/AR Eye tracking 技术企业 SensoMoloric 2017 年 11 月收购 AR headset 研发企业 Vrvana 2018 年 8 月收购 AR 显示研发企业 Akonia Holographics 2019 年 4 月 VR/AR 企业 Jaunt 的创立人 van Hoff 加入 2020 年 1 月收购 AI 软件研发企业 Xnor.ai

另外，可成为新元宇宙体验链接点的护腕、指环、手套等各种创新设备研发竞争也十分激烈。2021 年 3 月脸书介绍了公司现实研究室正在研发中的可穿戴设备“AR 护腕”，在它与 AR 眼镜一起来控制虚拟物体和虚拟状况过程中，能捕捉到手活动的力量和角度、1 毫米的移动等。护腕设备是在 2019 年收购的 Ctrl-Labs 技术基础上制作的。Ctrl-Labs 公司是一家研发用大脑操作电脑的技术（Brain Computer Interface）研发企业。

指环和手套使用方式的相关技术也在研发中。作为连接虚拟与现实的接口，苹果公司申请了利用指环、手套方式的技术专利。搭载了传感器的指环能解释穿戴者动作，把握与周围物体的关系，传感器越多，在 3D 环境中就越能够认知正确动向。指环戴在拇指和食指上，用两个手指能够识别器物、变大、变小和回转。

此外，市面上还研发推出了智能镜子、智能跑步机等不同样式的元宇宙设备，来努力适应大众化需求。今后多元化的元宇宙设备与传统的 PC、移动通信设备、游戏机、VR HMD、AR 眼镜、智能手表等相连接，将会给人们提供革命性的元宇宙体验。

表 2–8　MS 公司元宇宙动向

项目现状	投资动向
2016 年 Hololens1 上市 2018 年销量破 5 万台，销售额约 $2B 2019 年 Hololens2 上市，与美军签订了 10 万台 ($5B) 的供货合同	2016 年 8 月投资 AR headset 研发企业 Shadow Creator 2017 年 7 月投资 AR/VR 解决方案研发企业 DataMesh 2017 年 10 月收购使用 VR 社交媒体平台（Platom）研发公司 AltspaceVR 2018 年 4 月投资 VR Solution 研发企业 SmartVizX 2019 年 2 月投资 VR Contents 制作企业 Star VR 2020 年 4 月引进前苹果公司无线通信 HW 专家 Ruben Caballero

表 2–9　多元化的元宇宙设备

分类	内容
Care OS Poseidon（智能镜子）	重点为个人卫生、皮肤管理、健康生活的家庭卫生间用智能镜子；分析使用者的皮肤健康问题，推荐所需的化妆品
Gate box Grande（Tower)	NAVER 的子公司 Gate box 公布了增大了的桌上 AI 全息图助手 Gate box Grande（2021 年 3 月）；2m 高、研发目的是用作接待顾客的大型角色召唤设备；通过深度传感器，在有人接近时能做出反应
HaptX Gloves（手套）	最大化的 VR 触觉体验；附有 133 个触觉反馈传感器，提供在虚拟中也像实际抚摸物品一样的体验
VirtuiX Omni One（跑步机）	预计 2021 年下半年上市，家用跑步虚拟现实设备；支持在虚拟空间进行屈体、蹲下、坐下、后仰、跳跃等自由运动；让视线与动作一致，减少认知的不协调，解决了虚拟设备中眩晕的问题

元宇宙成长为有潜力的投资之处

元宇宙已走过了趋势阶段，正成长为实实在在的投资对象。美国 ARK 投资机构（ARK Investment）在发表的投资对象领域“Big Idea 2021”中提及了元宇宙，将虚拟世界选定为有潜力的投资领域，促进了相关企业的投资。ARK 投资机构继续持有 3D 研发平台领军企业 Unity 的股份，在罗布乐思公司上市当天就购买了这个公司 50 万股的股票。

大多元宇宙企业通过吸引投资或是上市，促进着企业价值生长，对虚拟融合初创企业投资活跃，虚拟融合初创企业生态逐渐成熟。以投资阶段分类的投资件数来看，2014—2019 年原始投资和天使轮融资所占比重逐渐减少，C 轮以上的融资从 8% 上升到了 16%。

服务于 ZEPETO 的 NAVER Z 在 2020 年得到了 HYBE 娱乐、YG 娱乐和 JYP 公司 170 亿韩元的融资，AR 初创企业 Retional 在 2018 年吸纳了 40 亿韩元的 A 轮融资后，又在 2020 年得到了 80 亿韩元的 B 轮融资。

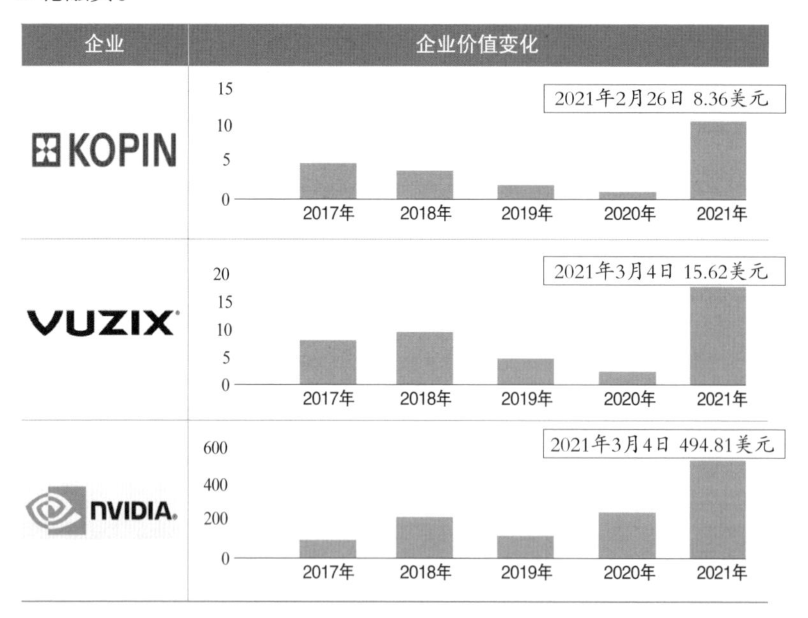

图 2-22　主要元宇宙企业的价值变化

元宇宙平台罗布乐思吸引投资后在纳斯达克证券市场上市。罗布乐思在 2020 年 2 月在 G 轮融资中筹集到了 1.5 亿美元，当时公司估值为 40 亿美元，公司在 H 轮融资成功筹集到 5.2 亿美元后，企业价值飙升至 295 亿美元，升幅高达 600%。罗布乐思在上市申报文件中把元宇宙作为主要战略，提及 16 次之多。

在元宇宙领域拥有核心技术的企业价值正在上涨。与元宇宙有关的企业，如虚拟融合中使用的微型显示器制造企业 Kopin、AR 眼镜企业 Vuzix、GPU（图像处理装置）/ 短视频平台以及拥有体现元宇宙技术的英伟达等，它们的企业价值增势迅猛。

元宇宙与创新

元宇宙推动各行业变革创新

曾在传统游戏和生活社交元宇宙平台制作中广泛使用的游戏引擎，现在正应用于全部产业领域和社会领域，元宇宙将正式开始扩散。像 Unreal 和 Unity 这样的游戏引擎应用领域，正在从基于游戏、生活社交的 B2C 领域向 B2B、B2G 领域扩大。

主要游戏引擎最先应用在游戏和生活沟通领域，之后才应用在了 B2B、B2G 领域，但是现在使用范围愈加宽泛，参与企业也更加活跃。从 2010 年成长起来的 B2C 游戏、生活社交元宇宙平台，从 2021 年开始引起了世人更多的关注。人们预测随着 B2B、B2G 领域的强劲增长，元宇宙市场的发展将迎来新的生机。现在元宇宙扩散之势已席卷全产业，改变着企业的工作方式和价值链，对企业竞争力产生了深刻影响。所以，企业的未来竞争力将取决于如何更好地应用元宇宙。

作为体现元宇宙的复合通用技术，虚拟融合技术（XR）+ 数据技术（D）× 网络技术（N）× 人工智能技术（A），即“XR+D.N.A”在再造全产业生产力过程中将发挥着核心作用，虚拟融合技术服务在全产业上的应用平均达到 21%，将主导性地引领产业革命的发展。

生产运营管理的接口从纸张开始，慢慢发展到电脑屏幕、智能手机。作为第二代人机接口，元宇宙核心设备之 AR 眼镜最近受到了世界关注。这是因为 AR 眼镜可适用于库存管理、不合格产品确认、职业培训等生产运营的全过程。

斯坦福大学虚拟人互动实验室的杰里米·拜伦森所长预测，虚拟融合技术将在具有危险性、费用高、无从体验、生产效率低等工作岗位上得到广泛应用。

实际的消防演习是很危险且高费用的，同时操作难度大。但是我们如果用虚拟融合技术来设置逼真火灾现场，设计智能化和互动因素，模仿虚拟火灾状况和各种处置程序，那么很多人都能在虚拟情境下开展训练。

在我们的工作领域中，是否需要应对危险的状况？在我们准备在现实中解决问题时，是否存在代价或费用高昂的情况？这些在元宇宙中都能找到答案。元宇宙领军企业正在尝试如何将元宇宙引进公司。接下来，让我们来了解元宇宙是如何带动各产业领域的创新的吧！

元宇宙与制造创新

未来的制造业与虚拟工厂

2020年，英伟达公司CEO黄仁勋说过“元宇宙来了”，之后“全能宇宙”（Omniverse）平台就发布了。当时黄仁勋曾表示元宇宙并不会仅局限在游戏里，预告了“全能宇宙”平台将应用于很多产业。“全能宇宙”是一个多人协作、创造虚拟空间，并在其中开展仿真活动的平台。现在“全能宇宙”正通过各种游戏引擎创制虚拟空间，应用范围也向游戏以外的产业领域扩散。

人们已经拥有创造虚拟世界的平台，为什么“全能世界”还会受到人们的关注？在“全能宇宙”平台上，现实世界中所展开的物理法则，在虚拟世界中也能原样得到体现。例如，太阳照射强度、空气密度、风的影响、水的流动等，这些在我们实际生活中存在的现象能够还原在虚拟世界中。英伟达公司很长时间以来，一直在研发把反射光体现得如现实一样的光追踪技术、在游戏中能表现3D形象的图形处理装置。在这里，“全能世界”将人工智能技术也结合进来了。

在“全能宇宙”平台上，人们可在虚拟空间中聚集在一起协作完成一项工作。传统上，人们通常按顺序自行创造虚拟空间；多人协作时，也是将各自独立完成的内容结合起来，然后以修改的方式完成。

但是在“全能宇宙”平台上，几个人可同时进行协作，可对协作的工作实时进行修正或变更，提高了工作效率。另外，在“全能宇宙”平台上，数据总是最新的。适用物理世界法则、在虚拟中体现现实的“全能宇宙”平台，能用来做什么？

用“全能宇宙”平台，可创造出与实际工厂一模一样的虚拟工厂，构建出的虚拟工厂里空间和设备的安放简直与现实完全一致，还可评估在虚拟工厂工作者的行为模式。更换机器设备的位置或是改变原材料配比，在虚拟工厂里都可对结果进行模拟。在现实中，无论是想改变机器设备的配置或是引进新设备，事前都很难对效果进行检验。但是在虚拟工厂里，我们可对此进行模拟尝试，预测模拟所带来的结果。通过这种虚拟工厂，制造企业就能研究出适合自己企业状况的最优设备数量和规模。虚拟工厂也能体现出作业人员和工作机器人之间的互动，在其配置发生变化的情况下，也能通过模拟得出结果。

未来制造业如何构成和管理？美国制造业协会下属的制造领导力委员会，与产学研专家共同研究分析了 10 年后制造业所面临的新变化并公开了研究成果。美国制造业协会是一个代表美国 1.4 万多家制造业企业的团体，委员会将“虚拟制造模型”选为未来制造业的关键词。针对产品研发部门以前未能尝试的产品设计，虚拟制造工程能提供实现的可能性。在开始制造产品之前，工程师们利用虚拟模型，就能够预测、解决实际制造工程相关的问题。虚拟制造模型能节约产品成本，提高产品国际竞争力。利用这个模型分析产品构成要素、耗费时间、组装和生产装备所需费用，对虚拟产品组装进行评估，当发生问题时，由虚拟小组去解决。“全能宇宙”平台就是体现这种虚拟制造的模型方案之一。黄仁勋曾说：“今后 20 年，我们曾在电影中看到的事情将会在现实中发生，因为元宇宙正在到来的路上。”现在，这种像电影一样的事正在宝马公司上演。

全球汽车制造企业向元宇宙进军

利用英伟达公司研发的实时3D协作图形模拟平台“全能宇宙”，宝马公司正在将复杂的汽车制造系统向元宇宙转型。宝马公司是准备将整个工厂虚拟化的首个汽车制造企业。在全世界31个宝马工厂中工作的数千名工程师、研发人员、管理者今后将在同一个虚拟工厂中实时协作，设计规划复杂的制造系统，并能对各种情况进行模拟。

考虑工人、机器人、建筑、组装零配件等工厂的所有要素，用“全能宇宙”平台虚拟构建多种生产模型，测定生产效率。在建设新工厂或是制造新汽车模型时，也可在虚拟工厂里检验生产过程，查找现实生产过程中可能存在的漏洞，解决问题。以实际的设计方案为基础，通过虚拟模拟，可事先计算出单位产品生产时间、原材料投入到产品制造完成所需时间、接受订单后到配送给用户的所用时间等，也可先行确认在生产过程中哪道工序配置人和机器人的时候生产效率得到了最大程度的提高。负责宝马公司生产的高层管理人员说：“通过全能宇宙平台，人们能模拟整个工厂的所有要素，缩短计划时间，改进弹性和精度，最终将生产效率提高30%。全能宇宙平台是确立协作平台标准的游戏改变者。”

利用虚拟工厂模拟，可以减少作业人员的活动路线，缩短零配件组装时间，从而提高生产效率。如果将模拟的范围扩大至生产全过程，效率将得到倍增。宝马公司通过应用元宇宙的虚拟工厂，正在构建定制型制造环境。在未来的宝马公司工厂里，人与机器人协作，工程师们在共享的虚拟空间里一起实时工作，整个工厂基于实时数据进行沙盘推演。通过元宇宙，连接工作小组，用虚拟技术设计、规划及运营未来工厂，新的制造时代正式诞生。

宝马公司在将工厂整体虚拟化之前，就一直局部地应用元宇宙环境。宝马公司慕尼黑工厂使用增强现实 App 来实施零配件检查。公司与弗劳恩・霍费尔电脑图形研究所共同研发的增强现实 App，在实际量产新型车辆之前提供诸如车辆设计或是制造工序中需进行哪方面调整的重要信息。车体组装作业人员，利用安装在三角台上的台式电脑，在数秒内就能完成对冲压作业完成后车体上 50 多项各种孔的位置或表面特征等方面的检查。过去是用肉眼或是安装在传送带上的摄像头来进行有无异常的检查，现在则利用增强现实 App，几秒之内就可判读是否正常。

元宇宙在制造业领域教育培训方面也大有作为。基于虚拟融合技术的生产培训，支持在作业环境危险或是技术教育条件困难的情况下能够有效地学习制造技术。基于虚拟融合技术的生产培训主要适用于以下情况：不是熟练工的新人在正式工作之前因危险或是材料费昂贵很难进行实习；实际作业时不方便或是要穿戴特殊装备的业务。虚拟融合技术可以预防技术培训中担心发生的安全事故，在不浪费珍贵材料的情况下进行充分教育，构建惬意宜人的实习教育环境，为新人在短时间内学到熟练技术提供有保障的教育培训条件。

奔驰公司利用虚拟组装技术进行新员工培训。作业人员手中拿着零配件做出组装的动作，传感器捕捉识别，画面中的虚拟化身就做出一样的动作。一件件组装零配件，即使不实际进行汽车制造，指挥虚拟化身也能虚拟体验整车组装完成的全过程。让熟练工人进行虚拟体验后，听取他们的意见，改进教育内容，以最有效的方式进行教育培训。

曾因过度投资而陷于危机、近期恢复活力的中国电动车制造企业蔚来公司，通过元宇宙培育了竞争力。这家成立于 2014 年的公司在世界最大规模的 IT 展会“CES2017”举行的前两天，发布了最高时速达 320 千米、1 000 马力的电动汽车。蔚来在很短时间内就研发出了电动汽车，它的秘诀就是虚拟现实，即取代实际汽车样品制造，用虚拟现实进行实验运行。利用虚拟模拟结果，大大缩短了修正漏洞、提高性能、体现最高技术水准等所需的时间。短期内近乎不可能完成的概念车，在虚拟现实中仅用 18 个月就研发成功。

现代汽车公司正在召开元宇宙设计大会。在全世界各地上班的设计工作人员，用各自的虚拟化身来到在虚拟空间构建的“现代汽车 VR 研发空间”上班，召开新车设计会议。会议中，他们对自己的创意进行说明，用手的动作来变换车前灯等零配件样式，选择颜色和材质，确认是否合适；调整零配件的大小，改变位置；在自己希望的时空中摆放设计完成的汽车，不受时空限制。在现代汽车引进虚拟现实之前，所有的这一切都是手动完成，或是直接打磨设计的模型，或是制作实实在在的大型模型。

2019 年 10 月公布的氢能源大型载重汽车概念车“Neptune”的创新性设计，就是通过虚拟现实技术来实现的。据说现在现代汽车公司研发中的所有车型都在使用虚拟现实技术。设计职业的特殊性，使得仅用视频会议传送信息和沟通存在局限。现代汽车公司期望，在研发全过程引进“虚拟研发程序”后，能缩短新车研发周期 20%，降低研发费用 15%。

制造企业向元宇宙转型

制造企业的多个领域都在关注元宇宙。欧洲最大的飞机制造企业空客公司，将微软公司“Hololens 2”的 HEADSET 应用在飞机设计和制造中。用虚拟方式再套上手册、图表等数字信息，制造时间缩短 1/3。客机组装状态检查也使用着增强现实技术。一架大型客机上的各种线缆和线盘长度加起来总长可达 500 千米。为了正确连接大量的线缆，要用 6 万多个置物架，一旦有一个线缆没能连接就会发生大事故。空客公司利用增强现实技术，来检查置物架是否安装在了正确的位置上。过去每架飞机需要 3 周的时间来检查置物架的放置是否正确，现在应用增强现实技术仅用 3 天就能完成。

美国最大的防卫产业企业洛克希德·马丁公司在航天器的制造上，利用增强现实技术提高生产效率。在以火星探测为主的飞船设计和制造过程中，使用了叫作“Hololens”的增强现实技术工具。美国航空航天局的火星旅行飞船“奥利安”的组装也开始使用增强现实技术。由于使用了增强现实技术，钻孔的时间从 8 个小时缩减至 45 分钟，嵌板的过程由 6 周缩短至 2 周。现在工作人员已经无须拿着数千页的制造指南东奔西走，而是使用增强现实眼镜，执行确认所需的说明书来作业。

美国通用公司在利用远程装备、数字指南进行设备组装上，使用增强现实技术。通用公司在生产、组装、修理、维护管理、物流管理等多领域使用增强现实技术。在通用公司的再生能源工厂里，组装风力发电叶轮机的工作人员佩戴增强现实眼镜，执行远程保养任务。工作人员用眼看到现场情况并用流式传输显示给在另一空间的专家，专家就像是在现场一样掌握情况，给工作人员下达正确指令；看培训视频或是用语音向专家请求帮助都是可以实现的。利用基于增强现实技术的数字指南，可进行发电叶轮机组装。在使用增强现实技术之前，风力发电叶轮机的维修保养，是以中断作业查看说明书、联系专家确认零配件组装作业状态等方式来完成的。托增强现实技术之福，现在不用中断作业，也能很容易地把数字指南放到眼前对设备进行维修保养。利用增强现实技术进行作业，与传统作业方式相比，能提高 34% 的生产效率。

德国电梯制造企业蒂森·克虏伯公司，应用增强现实技术，解决了在电梯维修维护管理工作中的低效问题。这个技术能够实时确认电梯 3D 图纸和服务履历等各种信息，作业中的画面以共享方式，进行远程协作。由于引进了增强现实技术，维修管理服务的速度最多提高了 4 倍。

元宇宙与流通创新

流通市场刮起虚拟现实之风

生活在互联网时代，消费者在线享受着创新的果实。人们在线上浏览、购物并能很快地收到快递，但这并没有解决消费者所有的苦恼：在线看到中意的衣服是否真的合身？线下家具店里看到的桌子放在自己的房间是否合适？理发店推荐的发式及妆容是否与自己相衬？

很多情况下，人们先在商场里看好商品，然后上网搜索最低价购买。人们称这一类消费群体为“Showrooming 族”。人们常常会对在线看到模特使用的物品照片后购买到的实物感到失望，抑或人们在商场买完东西后，会为没在网上购买更便宜的同款而后悔。这些购物体验，让人们学习到了经验。这是一种新的购物趋势。当然也有相反的情况。有的人在网上详细地了解产品，线下去商场购买。这类消费群体被称为“逆 Showrooming 族”，就是通过线上掌握了解产品使用评论等信息，线下到商场确认产品购买。这两种购物方式只是利用线上线下媒体的顺序不同，目的是相同的，那就是最大限度提高购物的性价比和满意度。线上购买快递到家的衣服，令人郁闷的是实际穿在身上的尺码可能是不合适的。这种情况是经常发生的。为了解决问题，消费者需要加入会员、退款或是调换，是一件特别麻烦的事。所以现在很多人选择在线上了解、掌握有关商品的使用评价等信息，待决定购买后，直接到线下商场试穿，感觉满意后才购买。“Showrooming族”和“逆 Showrooming 族”让人们清楚地看到线上购物的局限。

在元宇宙时代，居家就是商场。人们可以在家中进入虚拟的商场，查看商品，也可以进行实际穿戴的虚拟。利用虚拟技术可以预先看到试穿衣服的样子或使用化妆品后的效果。在元宇宙环境中，消费者能体验到很好的连通性，这提升了对商品和服务的信任。在调查中，有 47% 的消费者回答在利用了虚拟融合技术的购物活动中，体验到了与商品间的联系；在使用了增强现实技术的购买者中有 76% 回答对产品和服务信任度提高了。购买前的多种体验提升了购买的信任度。

在元宇宙的环境中，消费者通过虚拟试衣系统，对自己中意的商品先体验后购买，可以减少退货情况的发生。虚拟试衣平台企业 Zeekit 的 CEO 雅艾尔·维泽尔曾讲过，通过利用虚拟试衣服务的虚拟试穿系统，退货比例从 38% 下降到了 2%。虚拟试衣系统可以提供给使用者多种商品的虚拟试穿，能够识别使用者的体型，还能给出试穿衣服的形象。使用者即使没有实际地试穿衣服，在衣服的颜色、大小、样式等方面，也能得出同穿过一样的效果。系统能识别家具，使用者事先也能看到家具放在自己实际的房间内会是什么情况。正是因为如此，在商场与消费者间重要接点的流通领域，如何利用元宇宙技术，逐渐显得重要起来。现在就让我们进入元宇宙时代的虚拟试衣商场来看看吧！

根据耐克公司的数据，大约有 60% 的人，穿着错误尺码的鞋子。在北美，这样的人一年约有 50 万。为了解决这个问题，耐克公司出品了 Nike Fit。这是一款基于增强现实技术的移动 App，通过这个应用程序，可以准确测定购买者脚的尺寸。数据保存在个人的账号中，可持续使用。在线下商场购买鞋子时，可以通过 QR 码将数据传送给店员。这款 App 也有 GUEST 模式，可以测量其他人脚的尺寸，给朋友赠送礼物也比较方便。利用人工智能，可以依据登记的脚的尺寸，针对不同种类的鞋子，给出不同的尺码建议。也就是利用人工智能，以登记的尺寸为标准，根据鞋子的种类，选择不同的大小，根据鞋子的用途，提供最合适的尺码。例如在选运动鞋时，会建议你购买正合脚的尺码；选平时穿的鞋时，会建议你选比平时尺码大的鞋子。

在购买化妆品前，利用虚拟技术也可以事先进行体验。欧莱雅利用 2018 年收购的加拿大增强现实人工智能企业 ModiFace 的技术，推出了 3D 虚拟化妆定制服务，可以让消费者自己来会诊自己的皮肤，通过虚拟技术来体验各种化妆品。欧莱雅也扩大了与亚马逊等 15 个流通企业的合作，通过网站和 App 提供服务。服务平均使用时间从新冠肺炎疫情之前的 2 分钟提高到现在的 9 分钟。用户通过增强现实技术更换自己头发的颜色和底色，尝试各种虚拟体验。美国化妆品零售业代表性企业丝芙兰公司也用增强现实技术，来支持顾客在不直接使用各种化妆品的情况下用虚拟方式在自己的面部试用，给消费者提供了很大的便利。

衣服也可用虚拟方式来试穿。LG 电子公司的虚拟工具，用 3D 摄像头来测量顾客准确的身体尺寸，并以此生成用户的虚拟形象，将这个虚拟形象投射到屏幕或是智能手机等各种设备上，进行衣服试穿。在实际生活中应用这种虚拟试穿技术，就能够避免顾客到线下商场直接试穿的麻烦，显著减少顾客遐想衣服是否合身的苦恼。每个国家衣服大小的标准都不同，在进行海外直购的时候就会有很多顾虑，今后这类烦心事将不会再出现。

眼镜也是一样的情况。初创企业蓝图实验室给用户提供 AR 眼镜试戴解决方案，这个方案能帮助用户分析其面部数据，用虚拟方式试戴眼镜和太阳镜。

家具和喷色也可虚拟配置。亚马逊公司推出了增强现实购物“房间装饰器”工具，利用这个工具能确认把家具放在房间的具体效果。这个工具能让你在选择了亚马逊销售的家用家具产品后，按动开关，通过智能画面，观看房间家具布置状况。可以指定几种家具，用虚拟方式在家中实际要使用的位置事先摆摆看。使用英国油漆品牌多乐士公司的增强现实 App，能通过摄像头看到的用户家中用虚拟方式在墙壁上涂漆，得到了不错的反响。

美国家装用品零售企业劳氏公司，利用虚拟现实给用户提供家装体验服务，帮助顾客下定决心做出决策，提高最终购买概率。据说进行过虚拟现实体验消费者的购买概率是没有进行体验的消费者的两倍，进行过体验的消费者中有 90% 提高了家装的自信心。消费者在购买产品前，用 3D 模型体验了家装过程，因有可视化的购买效果，对自助装修充满自信。

德国物流企业敦豪航空货运公司，利用增强现实技术提高物流中心运营效率。在物流行业一个很重要的过程，就是有效处理、保存日益增加的物流中心物品信息。敦豪航空货运公司利用增强现实技术，迅速处理物品信息，通过提高物流管理阶段的效率，平均提升了 15% 的生产效率。在物流中心运营程序中若加入增强现实眼镜的话，就会缩短员工物品信息处理时间，提高效率。另外，敦豪航空货运公司利用增强现实技术，确定从物流中心到配送目标分店的最优路线，提高改善载货和卸货速度，节约配送时间。这都是为了支持配送司机，能更有效、更快速地送达因在线购物日益增加的配送货物。在运营过程中运用增强现实技术，就能改善配送物品的装载和卸货速度，最大限度地减少不合适动作，设计最优行车路线，节约配送时间。

入驻元宇宙的企业

为了在叫作元宇宙的这个新大陆抢占有力的竞争位置，流通企业逐渐加快了前进步伐。已有多个时装、娱乐企业入驻元宇宙，通过这些企业确认事业前景的其他企业也正抓紧入驻元宇宙。经营便利店 CU 的 BGF 零售公司在全球元宇宙平台 ZEPETO 上开设了首家虚拟便利店。虚拟便利店设在 ZEPETO 内人气地图汉江公园内。CU 的 ZEPETO 汉江公园店是一个为顾客提供差异化商品服务的虚拟商场。在这里，顾客可以在屋顶露台上品尝 GET 咖啡、德拉佩，也可使用另外准备的遮阳伞。正如在线下实体店一样，虚拟化身可以从即食原豆咖啡机器里放出咖啡，也可吃到汉江公园便利店有名的即食拉面，线下体验得以在元宇宙中体现。CU 计划在人们常去的空间——学习室和地铁等处开设新店铺，之后还准备推出 CU 专业化商场概念——街头表演空间。在这个空间里，也如同在实际的演出场所一样，可唱歌跳舞，也可观看其他虚拟化身的表演舞台。ZEPETO 提供语音服务。受到人们关注的是，CU 在 ZEPETO 拥有韩国唯一便利店事业者的地位，因为入驻 ZEPETO 是经过招标后中标的。经营便利店 GS25 的 GS 零售公司也曾参加了竞标，但最后落标了。

已有很多企业入驻元宇宙平台。就 ZEPETO 平台情况来看，已有街头生活运动品牌 MLB、耐克、匡威、古驰、迪士尼、凯蒂猫等多个品牌企业入驻。

也有可展现虚拟购物街的平台。英国虚拟购物平台街头派（Streetify），给用户提供如同逛实际生活街道、商场一样的体验。用户选择自己想逛的特定街道，以自己希望的方向在虚拟道路上步行，在虚拟街道上发现自己关注的商场，也如同在线下商场一样，可进到商场内随处查看和购物。还可以选择自己喜欢的商场，创建只有自己的购物街并共享在社交媒体上。

时尚珠宝首饰品牌施华洛世奇上市了虚拟现实购物服务。顾客可以通过虚拟现实技术鉴赏商场内陈列的产品，也可购买。

万事达卡公司推出了结合基于虹膜认证结算系统的增强现实购物服务。这项服务利用增强现实设备，比照在实体商场中顾客希望购买的产品，提供价格、原产地等各种信息服务，直到结算。

据预测，在元宇宙中展开的虚拟店铺竞争，其激烈程度绝不亚于线下。

元宇宙与广告创新

广告革命的发端——元宇宙

元宇宙时代广告的未来会是什么样子？让我们来回想一下互联网革命时代吧！以报纸等传统媒体为中心的广告被互联网、移动通信、社交媒体等迅速代替。互联网的到来不过才几十年，谷歌等互联网头部企业就几乎从世界上所有新闻媒体、印刷媒体中拿走了更多的广告。2020 年谷歌的广告收入达到了约 188 万亿韩元。看不同媒体广告收入的趋势变化，从中可以找到电脑革命和移动通信革命犹如暴风般刮过的痕迹。2002—2019 年，KBS（韩国广播公司）和 MBC（韩国文化广播公司）广告收入是绝对下滑的。电视台全部广告收入 2002 年为 27 452 亿韩元，但 2019 年仅为 11 958 亿韩元。这期间，MBC 广告收入从 6 584 亿韩元下降至 2 736 亿韩元，降幅最大。MBC 广告连续 3 年经营亏损，到 2020 年规模已降到 966 亿韩元；与此相反，数字广告高歌猛进。2019 年电脑和移动通信加起来的数字广告费创纪录地突破了 5 万亿韩元大关。这主要是由搜索广告、油管、门户网站等的视频广告市场规模持续上升带来的。

现在广告市场将面临“互联网的下一个版本”——元宇宙革命。新的竞争已经开始。在即将迎来的元宇宙革命时代，我们将在元宇宙平台与虚拟人一起，来往生活于虚拟与现实之间。广告应包含在叫作元宇宙的人间、空间和时间所打造的新体验中。只要是有人聚集的平台就会有财富，有广告。这个经验在互联网时代已被证明，现在人、资本、广告正源源不断地向元宇宙平台涌来。

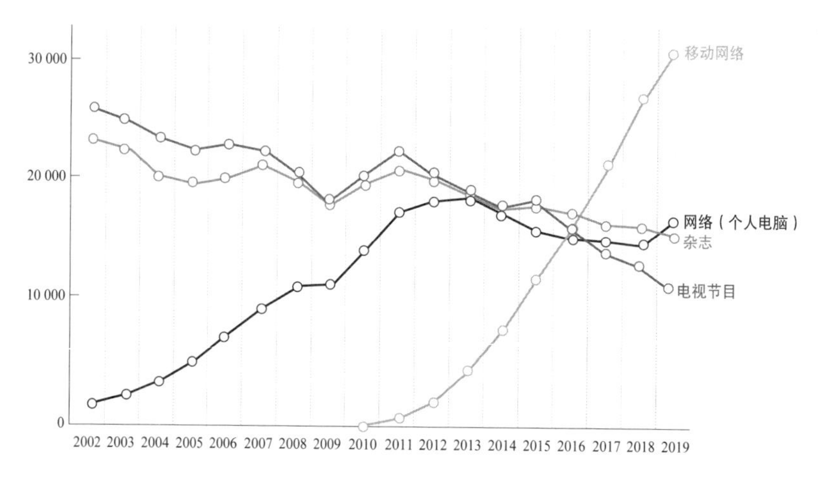

图 3-1　韩国媒体组别广告收入趋势（单位：亿韩元）

On Air——元宇宙

在虚拟世界中开展的“2020《英雄联盟》世界锦标赛”之“《英雄联盟》全球总决赛”，创下了史上最高收视时间和收视人数的新纪录。据统计，作为职业电子竞技联盟的《英雄联盟》全球总决赛举行5周以来，累计收视时间突破10亿小时，决赛用16种语言、在21个平台上向全世界直播，收视决赛的人数最高时达4 600万。数不清的人涌入了这个元宇宙空间，耐克没有放过这个机会。耐克制作了最早的虚拟竞技广告，在《英雄联盟》全球总决赛期间亮相。由于新冠肺炎疫情，传统的线下体育竞技运动大部分都中断了，但像《英雄联盟》这样的虚拟竞技运动呈现牛市，耐克遂决定在这个虚拟竞技运动领域传播品牌形象。耐克制作的这个虚拟竞技广告，演绎了虚拟竞技队进行训练的全过程。为了在虚拟竞技中取得胜利，2021 年初退役的《英雄联盟》职业选手伍兹（UZI）带领队伍在终极训练营进行训练。选手们为完成快速的手上动作，进行玩魔方训练；为培养精神力量，顶住恶意回帖的攻击；为锻炼体力，进行拳击训练等。用虚拟融合技术登场的伍兹讲，体力和精神力量很重要，睡眠和健康的饮食摄取也很重要。

《堡垒之夜》的玩家们在虚拟空间中穿着耐克装备到处走来走去，在美国职业橄榄球联赛期间，穿着自己钟爱的队伍的虚拟队服给其加油助威。品牌就这样得到了宣传，刺激着看到这些虚拟装备玩家的购买欲。

在《英雄联盟》竞赛场上，可以看到万事达卡露天广告，这种广告与传统赛场中经常看到的横幅广告相似。与《英雄联盟》制作公司 Riot Games 缔结合作关系的品牌公司，都可在《英雄联盟》赛场做广告。参加比赛的选手在画面上看不到这种广告，它只出现在收视者所看的直播画面中。在《英雄联盟》举行的地区联赛和国际大赛上，做广告的伙伴已达 50 多个。在《堡垒之夜》平台上，也可看到美国最大的电信企业威瑞森电信（Verizon）的露天广告。构建一个虚拟的 NFL 露天运动场，在线下能看到的威瑞森电信的广告在这里同样也会看到。

美国快餐连锁企业温迪（Wendy's）集团通过《堡垒之夜》游戏，寻找到了新的广告机会。变身充满魅力游戏角色的温迪，成为一个红头发的女战士。为了结成《堡垒之夜》游戏联盟，玩家要在比萨队和汉堡队中选择一个，在游戏中温迪砸碎汉堡冰柜。在温迪集团有着“不使用冷冻肉”的传统，强调“总用鲜肉”。女战士温迪砸冰柜的战斗场面，以流式传输方式，创造了150万分钟的收视纪录。在首个10小时播放过程中，共有4.35万个跟帖，参加者疯狂地追捧温迪这个游戏角色。与通过视频广告传播品牌形象的传统方式不同，温迪集团这次使用的是拥有3.5亿用户的元宇宙平台《堡垒之夜》。这个广告，在戛纳国际广告节上战胜了耐克公司，斩获大奖。

LG电子公司在元宇宙平台《集合啦！动物森友会》上构建了宣传LG液晶电视的虚拟空间。用户输入访问密码，无论是谁都可来访“OLED岛”。LG电子公司还将利用人工智能技术塑造的虚拟人金莱儿巡视“OLED岛”、玩这款游戏的照片和视频上传至照片墙。这是一种将虚拟空间和虚拟人联系在一起的广告战略。

2020年4月由于新冠肺炎疫情，日内瓦车展无法如期召开，于是，大众汽车公司在线上举行了虚拟现实车展，向全世界展示了公司新车型。此次虚拟车展，大众汽车公司给顾客提供了多种多样的新体验。车展是用虚拟方式举行，顾客可以转看各个展台，变换车辆颜色和车轮结构等。大众汽车公司的所有车辆和展台，以与参与者互动的方式，让顾客得到了与线下车展活动现场一样的生动体验。大众汽车公司首席营销官Jochen Sengpiehl说：“首次举行的数字展台，作为大众公司为顾客提供未来革命性在线体验的新尝试，只不过是公司可持续发展的第一乐章。最大限度地利用虚拟现实技术提供的机会，是大众公司数字化战略的重要一环。今后，这种活动不仅在体验营销方面，而且在顾客与粉丝间的互动方面也将会成为必不可少的要素。”

名牌的元宇宙广告大战

在元宇宙平台上，各类名牌公司正展开激烈的广告大战。意大利名牌华伦天奴在任天堂 Switch 游戏《集合啦！动物森友会》上，召开了时装发布会，把线下新产品制作成虚拟装备；美国的时装设计品牌马克·雅各布和安娜苏等在元宇宙平台上发布了自己的新品。《集合啦！动物森友会》是一个虚拟化身营造家庭和村庄，与邻居进行沟通交流的社交平台。2020 年 3 月上市以来，全球累计销量达 3 000 万张。

路易威登与《英雄联盟》协作推出了“限量版套装”，相关商品仅 1 小时就被抢购一空。“限量版套装”是指品牌公司为了快速应对变化多端的流行趋势而推出的减少种类、少量发布的收藏品。贴有路易威登 LOGO 的衣类、鞋类、皮包类和饰品类商品，在《英雄联盟》里都能看到。名牌商品与元宇宙交集的增多，将开启品牌营销新纪元。路易威登的竞争公司古驰也在 NAVER 的元宇宙平台 ZEPETO 上开设了商场，推出了衣服和饰品、3D 世界地图，创下点击量 300 万次的纪录。古驰公司与移动游戏公司 Wildlife Studios 开发的游戏《网球精英》平台合作，上线了游戏玩家角色服装，这个装备在古驰网站上也能购买到，给玩家提供了出入虚拟和现实的体验。此外，古驰还研发“古驰 B”“古驰 S”等简单的 Arcade 游戏，可以在古驰 App 上体验。

在美国研究 IT 领域专业企业 Gartner 发布的名牌产品数字 IQ 指数排序中，积极应用元宇宙技术的路易威登公司和古驰公司分列第一位和第二位。

元宇宙与教育创新

前所未有的元宇宙教育

互联网革命时代的“e-learning”正在升级为元宇宙教育。元宇宙时代的教育是以学生为主导的。学生成了授课时间的主人，主动提问，获得答案。老师不会单方面地传达信息，而是与学生展开体验式内容讨论，指示方向。同时，利用元宇宙技术开展的教育，可通过沉浸式体验，增强学生记忆力，提高教育效率。

美国马里兰大学的研究表明：学生利用虚拟现实 Headset 接收信息时比用二维方式接收信息时记得牢；使用了虚拟现实设备的情况与使用台式电脑时相比，记忆正确率上升了 8.8%。因为元宇宙教育能利用身体全部的感觉来进行记忆，所以提高了学习和记忆效率。这个研究是由对电脑和虚拟现实技术很熟悉的人员来进行的。为了观察正确的记忆能力，研究人员构建了一个叫作“记忆宫殿”的虚拟空间，在里面放置各种形象，进行实验。实验参加人员利用电脑和虚拟设备，反复观看空间，记忆特定照片放置的位置。记忆力评价以休息两分钟后提问“什么位置有什么照片”的方式进行。相关实验在不同的虚拟环境中进行了多次。

为了提高学习效果，相关人员目前正在开展各种研究，主题是如何结合虚拟融合技术和人工智能技术强化与被教育者的互动。在语言学习平台 Mondly 上，学生可与用虚拟现实技术演绎的虚拟老师进行对话，或在虚拟空间中体验各种不同场景。Talespin 研发的基于虚拟现实的企业人力培训程序，通过与虚拟化身间的对话，开展人事管理等特定情况下所必需的业务培训。

普华永道会计师事务所利用 Talespin 程序测定基于虚拟现实岗位培训效果的研究表明，与在教室里面对面培训和利用“e-learning”培训相比，虚拟现实培训在节约培训时间、精力集中度、学习效果等方面效果更好。分析认为，虚拟现实培训可缩短员工培训时间，节约培训费用；培训参加人员越多，与别的培训方式相比就越有效。

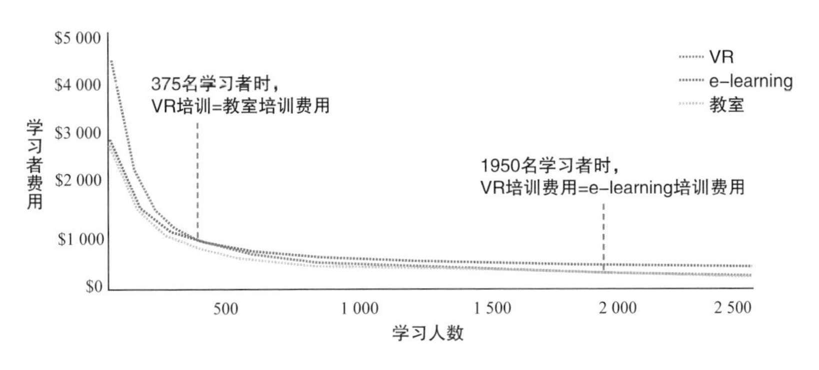

图 3-2 依照培训方式的学习者级别费用

教育创新动力——元宇宙

美国航空航天专业教育机构安柏瑞德航空大学，利用元宇宙技术来强化大学的竞争力。该大学 20 多年来一直坚持在线教育。它有位于佛罗里达州代托纳比奇和亚利桑纳州普雷斯科特的两个校区，代托纳比奇校区有 5 700 名本科生和 600 名研究生，普雷斯科特校区有约

2 000 名本科生，基于在线教育的全球校区有 130 个。这个大学正在尝试利用虚拟碰撞实验室，向元宇宙大学转型。大学的核心教育课程是航空事故和安全调查。直到虚拟碰撞实验室使用前，只有普雷斯科特校区的学生能访问实验室，进行实际体验。

但是现在得益于虚拟碰撞实验室，全世界的学生都可以以虚拟方式进入事故现场，作为调查人员体验事故现场查验。学生在飞机操控室可以目击飞行事故，听到飞行员与航空管制中心的对话，还可进行应急应对措施评价、事故现场调查和与目击者面谈等活动。可以拍照、测量，向教授递交自己的调查记录，也可进行修正。6 年前，这个课程仅因多数学生不能使用实验室这个单纯的理由，未被列入学生们的必修课。后来教授们向学校提出了虚拟实验室这个创意，得到了许可。副校长兼 CIO 维基巴斯凯兹说："在实验室环境物理性空间受限的情况下，教授们的这个创意，确认了学生们将得到好处的愿景。基于学校 20 多年来一直实施的在线教育，虚拟实验室是我们向下一代教育自然而然的升级。线上教育市场有很多竞争者，我相信通过虚拟实验室的建立，我们大学的竞争力将得到进一步提升。"虚拟实验室仅用 14 个月就建成了，通过 VR、HMD、移动应用程序等手段，学生们在 24 小时内任何时间、任何地点都可以链接到这个虚拟实验室。虚拟实验室建成后，学校的年收益增加了 15.4 万美元。学校并没有因此在这里停止创新的步伐，而是又扩大建成了气动机器人虚拟实验室，新设了无人自动系统工程课程。学校期待这项工作能带来 38 万美元的额外收入。

美国凯斯西储大学的医学院和艺术学院积极将元宇宙技术应用于教学实践。医学院解剖学系的学生，利用微软公司研发的基于混合现实的可穿戴设备“Hololens”学习课程，比仅用像尸体一类的人体部位来学习的学生学习效果强两倍。艺术学院的学生用元宇宙环境来体现各种不同的演出舞台，观众用“Hololens”来观看演出。线下舞台搭设要花费很多钱，管理困难，在体现不同的创意方面存在局限，但在元宇宙环境中却是可行的。

斯坦福大学利用虚拟现实技术，来做像脑部手术一类的具有一定危险性的手术。传统上医生用核磁共振和CT扫描来确认患者的脑部状态，但是现在外科医生将这些影像与VR技术结合，可以用3D形式来观察脑部狭小的突起、裂开的缝隙、积液等。在做手术之前，可先做虚拟手术。医大学生观察如实物一样大小的肺模型，查看心脏血液流动和瓣膜，来学习解剖学。对医大学生学习的评价，传统上手术时间占据很大部分，但是如果利用虚拟现实技术，就可以根据是否实习过打分。

元宇宙环境对要做手术的患者也是有帮助的。在斯坦福大学接受手术的400名神经外科患者，在做手术之前，通过虚拟现实技术，让他们事先看到了手术是如何做的。斯坦福医大的斯坦伯格说：“让患者安心，让他们明确知道进行的是什么手术。”

在应对高风险状况的训练中，元宇宙是很有用的。危险并不是每次都发生，即使进行模拟训练，也不能感觉到与实际一样的情况，没有沉浸感，所以局限性很大。急诊室的医护人员面临着很大的压力，要与时间赛跑，做出重要决定。一般来讲这种情况需要技术高度熟练、经验十分丰富的医护人员。但是在医护人员人手紧张的条件下，很难让他们随时待命来处理所有情况。传统上医护人员接受培训时用的都是尸体和人体模型，但是这种方式的培训很难解决急救状况下发生的各种问题。

洛杉矶儿童医院与AiSolve公司和Bioflight VR公司合作，利用虚拟方式制造实际急救情况，开展急救针对性训练。在虚拟空间所组成的所有事情，与实际情况如出一辙，时间受限，所以医护人员受到的压力与实际并无二致，要集中精力、沉着处置。通过虚拟急救训练，医生就不会害怕失败，能够应对实际状况。

位于波兰华沙的科兹明斯基大学为法学系学生研发虚拟CSI。相关内容是实际犯罪现场再现、利用各种工具的现场分析、尸检等。大学将这个内容涵盖在正式的教育课程中，对学生的犯罪剖绘技术进行教育和评价。

经营学领域也在应用虚拟现实技术。学生在虚拟环境中向等待作出投资决定的经营管理人员作发表演讲的练习，演讲过程中要应对不同情况的发生。练习结束后，电脑进行各种分析：学生把握了说话的速度与否、声音是否太小或是太大、姿态是否充满活力、是否用肢体语言来强调说话的重要性等。系统甚至可以分析学生是否将目光固定在某个听众身上，与教授讨论综合结果等。

2021年，浦项工业大学向新入校的320名全体新生发放了HMD设备，学生们使用这个设备能实时观看虚拟、增强现实形象，无论何时何地都可在元宇宙环境中接受教育。这种设备首先在学生直接参与的虚拟环境物理学课程实践课中得到应用。学生们以虚拟现实方式参与实操课后，要以报告形式提交实验内容。传统教学是通过观看网站视频或文件来做实验。学生实践课只有亲自体验，才能提高兴趣。生动的虚拟现实实践课的体验效果是很好的。

澳大利亚堪培拉学校将“Hololens”设备应用在三维概念教学课程中。“Hololens”设备主要应用在生物、化学、物理和数学等需要三维概念来理解的教学中，如人体脏器、化合物分子结构、数学圆锥等课程的教学。

有的高中学校也利用元宇宙来进行修学旅行。位于加拿大蒙特利尔的圣希雷学院因新冠肺炎疫情，取消了去希腊的修学旅行。学校历史老师卡文·佩罗金利用《刺客信条：奥德赛》游戏，策划了一次虚拟旅行。这个计划之所以可行的原因在于，游戏里有一个“探索之旅”模式。“探索之旅”模式是游戏主题旅行内容，由历史学家和学者们合作制作。学生们在游戏中能像在博物馆里一样到处参观，听着语音讲解，浏览学习建筑、名胜古迹、历史知识等方面内容。这些都收录在刺客信条系列游戏的“奥德赛”和“奥利金”中。《探索之旅：古代希腊》就包含在《刺客信条：奥德赛》中，它将希腊 29 个地区的 300 多个名胜古迹，分成著名城市、日常生活、战斗与战争、政治与哲学、艺术与神话五大主题。学生们利用这个游戏，可以按照自己的喜好来参观古代希腊地区，也可以在知识竞赛中发起挑战。

元宇宙也被应用到企业培训领域。沃尔玛公司向美国和韩国全部 5 000 个卖场提供了 1.7 万套虚拟现实 Headset，供员工培训使用。沃尔玛与虚拟现实教育应用程序研发企业 StriVR，一起构建了可供 100 万人以上同时使用的教育系统。利用这个系统，公司可对员工进行货架商品陈列、新商品分拣设备使用等技术和消费者服务、纪律遵守等方面的培训，提高公司教育学院运营效率。

元宇宙与文旅创新

人们向元宇宙演出集聚

随着元宇宙空间被用作音乐会舞台，很多人参与进来。游戏平台《堡垒之夜》最具代表性。

“DJ 棉花软糖”“特拉维斯·斯科特”“英西格”“诺亚赛勒斯”等不少世界音乐人通过《堡垒之夜》来发布新曲，或是召开音乐会。2019 年 2 月，“DJ 棉花软糖”在《堡垒之夜》上召开了音乐会，当时通过点击链接进来的用户达 1 100 万人。2020 年 5 月美国著名说唱歌手特拉维斯·斯科特在《堡垒之夜》举办的音乐会，大约有 1 230 万用户以观众身份参加，创造了比线下音乐会高 10 倍以上的收入。

歌手们不仅在《堡垒之夜》上演出，还举办动画短片电影节“Short Nite”。“Short Nite”是一个可在《堡垒之夜》三维社交空间“Party Royal”中观看电影的电影节。如果是《堡垒之夜》用户的话，谁都可以观看。电影节上播放奥斯卡大奖动画短片候选作品和世界动画短片名作，用户可用自己喜欢的语言字幕来观看。为了让用户吃着爆米花欣赏电影，《堡垒之夜》在电影节举办的前一天在装备商店出售巨型爆米花。除《堡垒之夜》平台外，受到关注的美国游戏平台罗布乐思平台上也有演出。美国著名说唱歌手利尔·纳斯·X 2020 年

11 月在罗布乐思平台举办的虚拟音乐会，两天时间内就有大约 3 300 万观众参加。

元宇宙的优势在于能够给人们呈现遐想空间，与故人同台演出成为可能。2020 年 12 月混声组“乌龟组合”的带头人林成勋（Turtleman）登上舞台，可他离开人世已 12 年了。这种超现实体验令“乌龟组合”成员智奕、金菲激动不已。给我们留下了《像雨，像音乐》《我的爱就在我身旁》等名曲而离开人世的金贤植也出现在了这个舞台。再也不能看到的两个人的特殊舞台，在元宇宙中重现了。

在元宇宙中，用户不是作为观察者而是作为参与者参与活动之中，极大地提高了人们的体验效果。演员与观众间的第四墙消失了，观众加入舞台中来。2020 年 11 月在京畿乡乐管弦乐表演活动中，推出了嫁接游戏要素的“元表演”（Meta Performance）：未来剧场。演出引入游戏要素，以线上线下观众都可直接导演演出的方式进行。如同游玩中的玩家通过命令词操纵虚拟现实化身一样，在线观众也可选择命令词来决定演出形式。例如，在实时直播的 Twitch 电视画面上出现“从滑稽鬼和说唱艺人中选择”的命令时，如果选择说唱艺人，说唱艺人就会来到舞台上介绍接下来的演出。另外，观众还可从选择池中选择想听的乐器独奏，也可决定是继续演奏还是换曲。在京畿乡乐管弦乐表演开始之前，事先准备了 12 个问题，以便能较容易地选择演出形式。经多数观众表决通过，形成最终的命令语。在线观众也可决定现实中 5 名“线下体验型观众”的走位。体验型观众穿上穿戴式摄像设备和戴上听筒后，通过直播播音员来接受在线观众的指示。线下观众成为游戏中的角色，在线观众成了玩家。这种演出形式从坐在观众席上的所有人同听一曲演奏的单向欣赏形式中摆脱出来，耳目一新。

元宇宙庆典

像杰夫·贝索斯、马克·扎克伯格、埃隆·马斯克这样的世界创新人才，每年都期待着一个活动。在美国内华达州沙漠中，每年大约有 8 万多人聚在一起，共享自己的独创作品。在活动最后两天，他们要烧掉一个宫殿和人模样的巨大造型。这个活动被称之为“火人”（Burning Man）。“火人”是一个基于“人性本源是创作欲而非金钱”的深奥哲学命题而举办的庆祝活动。活动禁止金钱交易和企业赞助，参加人员在这里仅仅互相交易自己的创意性作品。由于新冠肺炎疫情，这个每年都举办的活动在线下举行变得困难，“火人”活动就转到了元宇宙上来。因此，用虚拟空间虚构了一片有汝矣岛面积一半大的沙漠。这个自 1986 年开始的庆典活动，第一次在元宇宙空间举行。在“火人”社区成员自发参与下，完成了线下向元宇宙转换的庞杂工作。“火人”活动主办方说：“不论以什么样的方式都将参与在虚拟空间构建黑岩城的人达 1.4 万多。‘火人’活动 2019 年参加人数约为 8 万，2020 年达到了 50 万。”

大学庆典类活动也转移到了元宇宙。虽然被称作“大学生活之花”的各类庆典活动，由于新冠肺炎疫情被取消了，但韩国建国大学将学校搬到虚拟空间“建国 Universe”上，在那里召开各类庆典活动。活动不是单纯地参观“建国 Universe”的风光，而是也访问各单科大学，或者欣赏校园各处布置的有趣内容，到第一人称虚拟空间去看画展，在虚拟空间参加密室逃脱游戏，参加多项目网上运动会，观看各种展览和演出等。

扣人心弦的元宇宙比赛

为了保持社交距离，线下体育运动比赛被中断了，但是人们在虚拟空间里举行了超越时空、有真实感的体育比赛。最吸人眼球的“虚拟体育”比赛当数美国著名的“纳斯卡赛车”（NASCAR）比赛大会。“纳斯卡赛车”是在美国有着 60 多年历史、规模最大的赛车大会，赛车比赛向全球 150 多个国家直播，年收入达 20 亿美元。由于新冠肺炎疫情扩散，计划中的线下比赛中断了，但从线下转移到了元宇宙上，举行了线上活动“eNASCAR iRacing Pro Invitational Series”，给人们提供了很有真实感的竞技内容，每周大约有 90 多万人在线观看。福克斯电视台体育频道负责直播，也采访选手，患新冠肺炎被治愈的演员汤姆·汉克斯与观众齐唱美国国歌。第一周比赛有 90.3 万人观看，第二周比赛有 130 万人观看。据调查，在第一周观看比赛的观众中有 22.3 万人以前从未收看过“纳斯卡赛车”比赛。

在元宇宙 NASCAR 比赛中夺冠的丹尼·哈姆林说：“除冲撞情况外，所有的都与实际比赛一样。”世界一级方程式锦标赛 F1 也举办了虚拟 F1 比赛，自行车赛会“Virtual Tour of Flanders”也利用元宇宙举办。现役 FT 车手、虚拟 F1 比赛冠军夏尔·勒克莱尔表示：“绝对不容易，很费劲。坐在椅子上比赛，虽没有实际的惯性，但也会像疯了一样，直流汗。”Virtual Tour of Flanders 的冠军格雷格·范·阿韦马特说：“虽说是虚拟空间，但也有来加油助威的车迷，也有广告牌。与实际比赛一样，一点都不别扭，运动强度与参加实际比赛没有差别，虚拟跑道也准备得与平时一模一样。”我们从中也能感觉到元宇宙比赛是多么的逼真。

传统电子竞技跑跑卡丁车竞赛大会也利用元宇宙举办，人们可进行虚拟加油助威。通过虚拟现实，跑跑卡丁车联盟直播比赛，创建了几十个跑跑卡丁车房间，打响助威战。华丽的房间与手拿助威工具的虚拟人角色观众聚集在设置了大型显示器的空间，一边放着爆竹，一边加油呐喊。“2020 英雄联盟韩国冠军杯”决赛，因受新冠肺炎疫情的影响，现场没有观众，但是虚拟现实的直播方式给了线上观众充足的现场感。如果用虚拟现实直播观看比赛，比赛场内直播游戏的屏幕、选手们的表情 360 度生动呈现，观众能体验到像是坐在观众席上一样的感觉。

Epic Games 的元宇宙平台《堡垒之夜》2019 年 7 月在美国纽约举办了第一次“《堡垒之夜》世界杯”大会。这次大会从 2019 年 4 月开始，历时 4 个多月，规模很大，仅预选就进行了 10 次，总奖金达 3 000 万美元，冠军奖金 1 150 万美元。这比高尔夫皇帝老虎“伍兹”的冠军奖金还高 1.5 倍，大会总奖金规模比世界最高权威的高尔夫大会还多 3 倍。

在元宇宙时代，人们观看体育比赛的方式发生了改变。在美国职业橄榄球联赛（NFL）应用程序上，如果使用美国最大电信公司威瑞森公司的虚拟“超级球场”，球迷们就可以用 7 个摄像机的角度，穿行在球场角角落落，通过增强现实，球迷们能得到在比赛场内看比赛般的体验。为此，威瑞森公司与 3D 内容制作与运营平台企业 Unity 引擎携手，用 3D 方式扫描 NFL 球场。威瑞森公司计划在 28 个 NFL 球场构建 5G 网络。

出发吧！元宇宙旅行

观光旅行因新冠肺炎疫情中断了，人们逐渐对虚拟旅行关心起来。通过元宇宙，人们可以访问地球上所有地方。

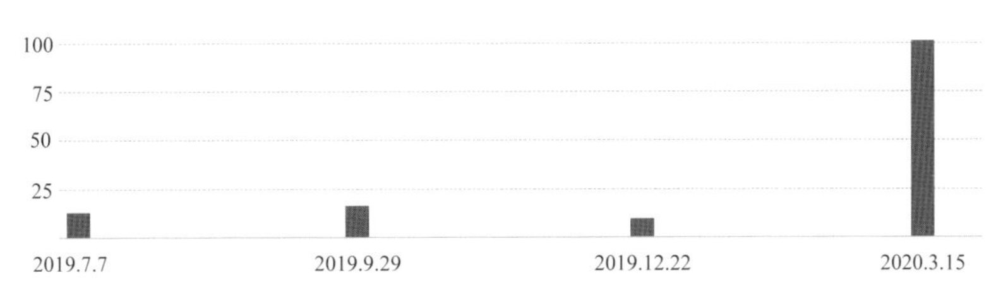

图 3–3　虚拟观光搜索量变化

旅行保险企业 InsureMyTrip，发布了新冠肺炎疫情期间在谷歌搜索中增势最高的虚拟观光名胜地，卢浮宫虚拟博物馆位列第一。法国卢浮宫博物馆研发、提供了虚拟观光服务，访客可通过虚拟现实参观馆内展示作品，累计访问人数已突破 1 500 万。

民宿业的爱彼迎（Airbnb）公司提供虚拟旅游体验服务。旅游人员可在线获得现场感体验，现在有 150 多个程序。结算的话，约定时间，发送链接就可以了。人们可向巴黎传统面包房主人学习面包制作法，可进行雅典街上壁画观光体验等。作为其中的一个程序，西班牙葡萄酒匠人教人学习酿酒法，在一周内就卖出了 2 万美金。程序中还包括了现实中很难体验到的切尔诺贝利旅游项目。

现在很多平台提供多种服务，以虚拟旅行的方式来消解在非接触环境所感受的沉闷感。谷歌 VR 平台可通过使用 VR，给用户提供“罗马科洛之争”等全球旅行名胜地旅游体验。Gala360 以世界用户在各种不同地点拍摄的 360 度照片，让人们享受虚拟旅行乐趣；平台内的“名誉殿堂”将专业人员拍摄的高品质360度旅行目的地照片和美国航空航天局360度火星照片进行编辑，使人们可以用VR观看。人们使用智能手机能很容易地链接Gala360，在没有VR Headset的情况下，也能用浏览器在世界主要旅游地观光。用VR欣赏珠穆朗玛峰的“珠穆朗玛峰VR”和用VR参观美国大学校园的“YouVisit”等平台，都能给用户提供如在旅游地一样真实的旅游感觉。

有的虚拟观光不仅给用户提供事先录制的虚拟视频，而且能奉献给用户直接到旅行目的地转一转的体验。法罗群岛是一个比济州岛还小的小岛，岛上人口只有5万人。法罗群岛现在给人们提供新的观光体验：“观光客”进入网站，就会遇见头上戴着摄像头的虚拟化身。这个虚拟化身其实是个真实的人，观光客可以以自己希望的方式在岛上观光。当地岛民和旅游厅职员用虚拟化身，起到了旅游向导作用。据说观光的主题也是一天一变。线上旅游者像是操纵游戏角色一样，指挥这个虚拟化身。

元宇宙与房地产创新

房地产领域也吹来强劲的元宇宙之风。如果利用元宇宙，人们就能超越时空，来体验住宅或是建筑物的内外部情况；在进行房地产交易时也没有必要每次都要与房主约时间；未完工的建筑可以用已完工的虚拟状态来查看。全世界房地产买主都能通过元宇宙发现有潜力的房地产，也就没有必要来建造招租合同签订完成后就消失的住宅模型。

根据房地产企业“置房”的问卷调查，在“购买房屋时不到现场，只利用3D、VR信息就有签订购房合同的意向吗？”的问题下，在1 152人中有876人（76%）回答“是的”；“今后是否有使用3D、VR房地产信息的意向”，有1 034人（90%）表示肯定。高盛公司预测，基于虚拟现实和增强现实的房地产市场规模到2025年将达到800亿美元。

中国虚拟房地产平台企业——贝壳找房，提供VR看房服务。2020年1月到3月，由于新冠肺炎疫情，中国有110家中小房地产企业破产，但贝壳找房的住宅问询数创纪录地达到了每天平均35万间，是1月份的35倍。截止2021年，贝壳找房在中国120多个城市提供330万个虚拟看房服务。

美国Matterport公司是一家基于虚拟融合技术、利用3D摄像头将实际空间变换成虚拟空间的建筑数字化公司。公司制作的空间数据，储存在基于云的建筑专用平台上，用于房地产交易、虚拟看房、展示、旅行等。随着 Matterport 公司加强与房地产评估公司 Zillow、JP&Assocciates 等房地产与建筑行业企业的合作，公司将继续扩大虚拟空间。根据 Matterport 公司的统计，使用 Matterport 的中介有 74% 签订了更多合同，咨询者中 95% 进行了 3D 虚拟看房，在使用 Matterport 的 3D 虚拟看房时咨询者的沉浸度提高到 300%。

法国巴黎银行与 Vectuel&RF Studio 携手，以虚拟方式为房地产买家提供项目阶段房地产视觉化服务。

韩国 3D 空间数据平台企业“城镇基地”（Urban Base），是一个将现实中的住宅和公寓虚拟化的初创企业。向“城镇基地”的虚拟空间转换程序输入公寓平面图，立即就显示出 3D 公寓空间。这样转换成的空间里，你能以自己喜欢的方式将家具和电子产品进行摆放。这是以法律规定不同用途的建筑设计标准为基础，经电脑测算高度值，将平面图立体化的一种方式。传统的建筑设计，是看着平面图来想象已完工的建筑；现在则是一边看着在虚拟现实中显示的 3D 家居模型，一边工作，提高了工作效率。

ZipView 是韩国沉浸式虚拟现实专业化企业 Olzmplanet 推出的房地产中介解决方案，是以 2015 年销售商业地产为目的研发的一款虚拟现实服务。它的优点在于：这是根据实际的内部设计图创建的虚拟空间，即使不到销售现场去看也可做出是否购买的决定。现在 Olzmplanet 使用自己研发的虚拟房地产解决方案，在韩国外运营着 100 多个网络住宅模型。Olzmplanet 公司 2016 年只有 6 个客户，之后每年增加 2 倍，现在已有 300 个相关项目，销售收入 2015 年约为

4.3 亿韩元，到 2020 年已激增至 60.17 亿韩元。Olzmplanet 公司基于虚拟房地产解决方案的竞争力，将公司的事业范围扩大至建筑、购物、流通等领域。

韩国房地产应用程序服务企业“多房”（Dabang），计划引进虚拟现实看房、3D 园区看房、视频看房、电子合同系统等，力图通过平台应用程序，让用户可在线完成看房、选房、签合同和付款。购房者不用跑路就可以选房，签订购买合同。售房者在多房平台登记自己的待售房屋信息，购房者通过虚拟现实确认待售房屋信息。在多房平台上有房屋验检小组，他们就房屋销售中 50 多项内容进行分析评估，给用户提供房地产购买所需的各种信息。购房者和售房者在多房不动产平台内，可通过在线签名的方式完成合同签订。合同签订过程中产生的数据显示并保存在多房平台。

房地产中介应用程序“置房”也在使用虚拟现实。2020 年上半年，置房应用了“VR 看房”服务的待售房屋点击量同比增长了 5.1 倍，咨询量增加了 9.7 倍；点击量比没有 VR 的待售房屋比多了 7.3 倍，咨询量多了 3.8 倍。利用虚拟现实技术，房屋买卖和租赁合同签约概率就会逐渐增高。

《地球 2》是一款与实际房地产交易一样买卖地球的虚拟房地产类型的游戏。《地球 2》是 2020 年 11 月由澳大利亚人谢恩·艾萨克基于谷歌卫星地图打造的虚拟地球。如果购买者在《地球 2》中确认房地产信息，购买者的国籍就用国旗表示出来。国旗在简历中可以变更，所以与实际的国籍不一定相符。根据《地球 2》发布的资料，在《地球 2》中韩国人投资的规模以 626 万美元位列第三。韩国人在

《地球 2》上的投资在 2021 年 4 月初为 276 万美元（约 31 亿韩元）、5 月初为 446 万美元（约 50 亿韩元），3 个月间每月增加 20 多亿韩元。韩国用户的累计交易量为 56 万，紧跟美国（60 万）之后，位列第二。

肆

元宇宙推动社会形态改变

元宇宙与个人生活

元宇宙，为所有人

我们的社会生活中面临着残疾、歧视、社会性孤独等各种问题，存在着很多长期得不到解决的难题。元宇宙能够成为引领全产业革命、创新生产力的一种工具。

在产业领域之外，元宇宙在解决各种社会问题上能否成为创新的动力？通过元宇宙，社会成员能否相互理解，对社会问题达成共识，创造参与社会的机会？元宇宙能否给人们种下梦想和希望的种子，给人战胜歧视、残疾和恐惧的力量？

我们可以通过元宇宙理解对方、认同对方。用复合通用技术创造的差异性体验价值 4I（沉浸、互动、想象和智能），重构人间、空间和时间，使社会成员都能换位思考，互相认同。元宇宙正在向各种社会问题发起挑战。

元宇宙，实现梦想

元宇宙正给人们带来梦想和希望。每年 12 月 24 日到 25 日黎明，世界上最忙碌的恐怕要数圣诞老人。据科学家计算，圣诞老人以时速

8 180 300 千米、秒速 2 270 千米的速度，拉着雪橇，去全世界各处与孩子们见面。

问卷调查结果显示，当听到“世界上没有圣诞老人”的真相时，受访的孩子们中有 15% 感到被背叛，有 10% 感到愤怒，另有 30% 回答对大人的信任受到了影响。假如你的孩子们一定要想见到圣诞老人，你怎么办？想获得信任吗？解决方法之一就是我们可到元宇宙中去找虚拟圣诞老人。

为迎接圣诞节，芬兰罗瓦涅米旅游厅和芬兰航空公司共同推出了第一个虚拟圣诞老人。罗瓦涅米是一个旅游胜地，每年数十万人从世界各地来看圣诞老人。自 2020 年 12 月 25 日开始，芬兰罗瓦涅米旅游厅和芬兰航空公司共提供了 8 次会见圣诞老人的虚拟旅行服务。每次会见时间是 30 分钟，价格是 10 欧元。你需要先在芬兰航空公司进行预订，选择虚拟座席。在虚拟现实中，来旅行的客人享受着飞机座舱乘务员提供的干果，仰望着北极光，欣赏着群星闪烁的夜空。到达罗瓦涅米的顾客可越过北极圈，走进圣诞小屋，与圣诞老人直接见面。这个服务的直接收益会通过联合国儿童基金会捐赠给因新冠肺炎疫情而致病的儿童们。

“多想再见你一次。”这是想与离开人世的女儿见面的母亲、先送走妻子的丈夫的心声。现实世界中无法实现的会面，在元宇宙中实现了。MBC 虚拟现实纪录片《再次遇见你》，记录了一个母亲在虚拟现实中遇见了七岁就因白血病而突然离世的女儿。在节目中，导演利用虚拟融合技术和人工智能，虚拟了女儿的面庞、身体、表情和声音。母亲在虚拟空间中再次看到了女儿，做女儿喜欢的海带汤，说爱她、一刻都没有忘记她；还给她在生日蛋糕上插了蜡烛。虽然短暂，却是幸福的时光，如同常常在梦中一样。与其说是想念和痛苦，倒不如说是希望与自己身边的孩子更快乐地生活。“只有这样，当再次见到送走的孩子时才会当之无愧。”这是这个母亲在自己的网络日志上写下的话。视频上传至油管后，日点击量达 1 300 万次，受到高度关注，几乎全世界的观众都留了言。

丈夫与离开人世的妻子也在元宇宙中再次相会了。当丈夫进入虚拟空间，映入眼帘的是他与妻子共同生活的旧宅场面，挂在墙上的家庭照片、阳台上的秋千、汽车……丈夫和孩子们都对这个虚拟的家很吃惊。丈夫问虚拟现实中的妻子：“你好吧？”“现在还难受吗？”两人在充满了回忆的旧居中跳起了最后一支舞。丈夫拥抱着妻子流着泪说：“谢谢你对我的爱。”丈夫想再见一见妻子的梦终于实现了。

美国一个叫杰登·莱特拉的少年，梦想是做一个太空飞行员。每年帮助数千名患不治之症的孩子实现愿望的“许个愿”（Make a Wish）基金会与志愿服务者们、美国航空航天局研究院、美国空军有关人员和元宇宙内容制作公司合作，帮助杰登实现了梦想。杰登富有想象力和热情，非常有创意地提出了自己的愿望：自己所乘太空飞船的颜色、太空飞行途中看到很多的星星、如何对待迎接自己的外星人朋友……他的描述特别生动。杰登看似不可能实现的愿望，在虚拟现实中实现了。这是基金会实现的第一个虚拟现实愿望。患有不治之症的杰登魔术式的愿望获得了基金会选出的“最具创新性愿望”奖。制作虚拟空间的查德·艾科夫表示：“虚拟现实将我们带到了过去连想都不敢想的地方。创意加上技术，真的如魔法一般。杰登的愿望实现了。”

元宇宙，跨越偏见与恐惧

据美国联邦调查局的调查，2018 年美国仇视犯罪共发生了 7 120 件，其中有 57.5% 是种族歧视。仇视犯罪的对象，黑人占比最多，达 46.9%。在没有互联网的时期，美国需要为黑人旅行者准备旅游指南，因为黑人在旅行中需要住宿、餐饮等相关的信息。20 世纪 30 年代中期到 20 世纪 60 年代后期，当时美国很多旅馆和餐厅是拒绝黑人进入的，有一种旅行指南整理了黑人能去的地方，这就是绿皮书。

以针对黑人为主的种族偏见和歧视在很长时间里一直存在。如何解决这个问题？人们探索了各种方案，但最重要的第一步就是要理解对方，认可对方，特别是要从别人的立场出发，换位思考。在元宇宙中，这种体验是可行的。虚拟体验“Traveling While Black”以第一视角，让人们能够体验按绿皮书移动的黑人们的旅行。通过这种方式，体验者直接暴露在黑人们的生存环境中，来理解他们受到的歧视和他们的想法。“Traveling While Black”制作者罗杰·罗斯·威廉姆斯说：“想通过在不是黑人无法体验的黑人圈子里与他们对话，提供新体验；试图通过沉浸式体验，给体验者以深刻影响。”

假如一名 15 岁少年与朋友打篮球，碰到警察被制服，会是怎样一种心情？在斯坦福大学的虚拟人互动研究所研发的“1000 cut for Journey”项目中，就能以第一视角来进行这种虚拟体验。此外，还可尝试不同性别、不同年龄层的黑人所受到社会性排斥、歧视的体验。根据西班牙巴塞罗那大学研究小组的研究，这种虚拟现实，能提高人们对黑人所遭受的歧视、偏见、殴打及社会性排斥等方面的理解。实验分析结果表明，白人对黑人的种族歧视因此而显著减少。

登高时谁都会感到害怕，但是当害怕超过了普通水平，产生极度的焦虑和恐惧，并因此对日常生活造成影响的话，就成了大问题。传统上解决这种恐高症的方法，就是把患者带到高处，让其直接面对恐惧的状况，持续地、系统地让患者暴露在这种危险中，直到恐惧和焦虑完全降下来。这种方式让患者直接暴露在危险环境中，存在无法完全控制周围环境的缺点。如果在治疗的过程中发生其他危险状况，可能会给患者带来对恐惧对象更大的恐惧综合征。元宇宙在很久以前就提出了针对这种情况的解决办法。

虚拟现实能提供在现实中不可能的情况，这种情况可控可预测，所以其能给患者提供安全、不同的环境训练。1993 年美国心理学家拉尔夫・兰森以 60 名恐高症患者为对象利用虚拟现实技术进行了实验尝试，令人吃惊的结果是在 90% 的患者中产生了效果。参加训练的人有的一开始连梯子都不敢爬，结束训练后，却敢于爬山了。

2018 年英国牛津大学的丹尼尔・弗里曼研究团队研发了一款能治疗恐高症的程序。在虚拟环境中，患者在没有专家帮助的情况下，自己治疗恐高症。据报道，程序应用后取得了重大治疗效果。研究团队以 100 名恐高症患者为对象展开研究，100 名患者中的 50 人以每次 30 分钟、二周 4—6 次的频率接受程序治疗，另外不接受程序治疗的 50 人还像以前一样生活。

患者使用虚拟现实装置 HMD，做一些诸如上到虚拟空间中 10 层楼高去救爬到树枝上的猫，或者上树摘苹果等任务。经历了平均四五次体验虚拟现实程序治疗的患者在问卷调查中回答：“恐高症下降了 68%”，而没有接受治疗的患者仅下降了 3%。

进行这项研究的牛津大学研究小组，后来成立了名为“牛津 VR”

的企业。凭借这一虚拟现实治疗法，2020年牛津VR公司获得了1 250万美元的投资。现在“牛津VR”正在研发基于恐高症治疗成功经验来治疗各种社会恐惧症的项目。其中有一款叫作“Yes I can”，是用来帮助焦虑症患者的虚拟现实心理治疗程序。

每个人在生活中都会有不同类型的焦虑。有的人因极度焦虑障碍，害怕走出家门，几乎不能进行正常的日常生活。在这种情况下接受心理治疗的话，就会产生时间和费用问题，包括焦虑在内的各种精神疾病在全世界所有国家呈增长趋势。据预测，到2030年，因治疗焦虑等精神疾病而发生的治疗费用将达16万亿美元。世界卫生组织认为，截至2020年，全世界大约有4.5亿人面临这个问题，今后将扩大到全世界人口的25%。若想解决这类问题，元宇宙可作为备选方案。

为了治疗创伤后应激障碍，美国南加州大学研发了“虚拟伊拉克”虚拟现实系统，这个系统可重现伊拉克战争场面。创伤后应激障碍，是指人们在经历战争、自然灾害、事故等严重事件后，对事件持续有脑外伤后综合征的一类精神疾病。“虚拟伊拉克”是重新利用Xbox中著名的实时战术游戏“全光谱战士”的开发环境，让参加伊拉克战争的战士在虚拟现实环境中重新体验伊拉克战争场面的一种长时间暴露治疗法。用户使用装备了专用头盔的护目镜，就可产生一种再次进入伊拉克战场的错觉：伊拉克城市的主要街道，空中警戒的美军直升机发出的噪声，爆炸声加上震动声，中东地区特有的经常能嗅到的气味……“虚拟伊拉克”治疗法利用了人们习惯了焦虑、慢慢对刺激变得迟钝起来的原理。

美国加州大学医学院的多媒体心理治疗中心，利用虚拟现实技术来治疗飞行恐惧症。让患者坐在真实的飞机座位上，让他看到飞机内部，震动座位，让他听到飞机引擎的声音。利用虚拟现实，一看到患者有恐惧症发作的征兆，医生就转移患者的注意力，以逐渐减少患者的焦虑来对其进行治疗。

世界上有 7 600 万人、日本有 120 万人因口吃而苦恼，日本企业 Domolens 正利用虚拟现实来解决这个问题。Domolens 设定面试、发言、自我介绍、电话等虚拟情境，对口吃者进行一边体验一边说话的训练，利用这种方式来帮助他们。Domolens 与位于东京新宿的精神科外来患者治疗所合作试点，今后计划利用人工智能技术增强训练环境。

管理监控被隔离的新冠肺炎患者也在使用元宇宙。美国企业 XR Health，通过基于虚拟现实的远程健康服务，支持对新冠肺炎患者的治疗和归家后的监控。XR Health 公司的 CEO Eran Orr 说："佩戴虚拟现实 Headset，休息后进入令人惊奇的虚拟世界，这有助于患者在隔离期间管理他们的情绪。在虚拟现实治疗平台上有缓解压力和焦虑的程序，这对接受新冠肺炎治疗的人来说是他们关心的一件重要的事。"

元宇宙，照亮世界之光

如果在人们的五种感觉（视觉、嗅觉、听觉、触觉和味觉）中选择一个最重要的话，多数人都会选视觉。据说人们通过感觉器官获得的信息中，有 80% 是视觉得来的。有的人由于先天或是后天原因丧失了视觉，因丧失视觉而造成的缺失感难以估量。据推测，2050 年全世界视觉障碍者将达到 1.15 亿。元宇宙能帮助这些听觉障碍者。

三星电子研发的虚拟现实应用程序“relumino”可助力占全体视觉障碍人群 80% 的低视力人群恢复一定程度的视力。relumino 取自“送回光”之意的拉丁语。搭载在眼镜上的摄像头向智能手机传送图像，在智能手机中经过图像扩大或缩小、轮廓线加强、颜色对比或增亮调整、色彩倒置等过程传送到眼镜。很多视觉障碍者很难识别中心或是周围部分，抓不住中心。relumino 眼镜帮助除全盲之外的 1 级到 6 级的视觉障碍者能更清楚地看到被歪曲、看起来灰蒙蒙的物体。

美国的初创企业 Vivid Vision 研发出了能给弱视、斜视等眼部有问题的人进行治疗的虚拟现实程序。这个程序利用游戏，将不同的图像美妙地投射到左右眼，刺激沉睡的大脑，恢复眼与大脑的联系，强化视力。截至 2019 年，这套程序在全球 205 家医院使用。视觉障碍患者也可直接购买这套设备回家使用。

虚拟现实纪录片《关于失明的记录》，可以以第一视角让人们体验失明过程。这是神学者约翰·赫尔利用边体验失明边录音在录音带上的记录制作的。我们可以通过元宇宙来认识失去视力的过程，采取各种治疗方法来恢复视力。

元宇宙，找回记忆

有一种疾病给全世界 1 200 多万人造成痛苦，这就是阿尔茨海默病。据预测，到 2050 年阿尔茨海默病患者将是现在的 3 倍。老人得这种病不仅对患者本人，也给家庭成员带来痛苦。现在医生们正在利用元宇宙来开展对阿尔茨海默病患者的治疗。

美国 MIT 大学的初创企业 Rendever，正利用虚拟现实技术来帮助解决老人社会性孤独和阿尔茨海默病治疗的问题。Rendever 是一个为居住在养老院等机构中的老人提供虚拟现实服务的平台。在这个平台上，护工能通过平板电脑来操作 Headset，让患者在沉浸式的虚拟环境中，看到小时候的生活、海外休养地、体育竞技、亲戚的结婚仪式等；家庭成员也可向患者在养老机构的账号上上传用 360 度摄像机拍摄的结婚仪式、生日聚会等活动的内容。

虚拟现实体验能自然地打开人们的话匣子。虚拟现实中现实感很强的风景，帮助很多老人回忆起过去的时光。不容易说话的老人看到后，也开始讲曾经让自己心潮澎湃的故事。眼前充满生机的景象唤起了他们愉快、温暖的感情。

Rendever 的 CEO 凯兰看着像自己奶奶一样的老人逐渐被社会孤立，产生了要帮助这群人的创意。体验与回忆可以帮助老人相互间形成良好关系，积累亲密感情。据调查，居住在养老机构的老人每两人中就有一人感到抑郁或是被冷落。凯兰指出：“Rendever 平台能提升老人 40% 的幸福感。现在有 150 个以上的老人社区使用着 Rendever，持续使用 Rendever 两年以上的比例达 95%。”老人也可通过 Rendever 来实现自己的愿望。在美国国立大峡谷公园徒步旅行是乔治·赫特默的愿望之一。由于身体的原因，他的愿望看起来似乎是不可能实现的，但虚拟现实 Rendever 圆了他的梦。

英国正在开展利用虚拟现实来帮助阿尔茨海默病患者的 The Wayback 项目。项目组成员看到自己家庭成员因阿尔茨海默病遭受痛苦，因此诞生了这一项目。The Wayback 项目通过刺激患者的记忆，来帮助患者以与他人相联系的状态生活，维持自己的真实身份、朋友关系和家庭关系。The Wayback 还给阿尔茨海默病患者重现了 1953 年 6 月英国伊丽莎白二世女王的加冕典礼。The Wayback 通过可进行时间旅行的虚拟现实，复活了这些阿尔茨海默病患者根植于脑海中的记忆。

Sea Hero Quest，作为一款猜谜、冒险类游戏，可应用于对阿尔茨海默病的检查。在游戏中，玩家操纵小船移动至检查点。游戏开始前标有检查点的地图会出现，但在游戏进行时地图消失了，玩家必须要靠自己的记忆力和空间感知能力来进行游戏。现在已经有 430 万人在玩这个游戏。这个游戏的设计是用来研究“患阿尔茨海默病的人如何搜索空间”这个问题的。分析游戏数据就可用于检查阿尔茨海默病。

英国阿尔茨海默病研究慈善团体用虚拟现实技术制作了《阿尔茨海默病的治疗》节目，用虚拟现实技术来体验阿尔茨海默病患者的日常生活。从第一视角直接感受阿尔茨海默病患者的困难。

韩国 VR 游戏研发公司 Miragesoft 研发的《真实 VR 网络钓鱼》游戏，是一款在虚拟环境中抓鱼的钓鱼游戏。在游戏中不仅可钓鱼，还可欣赏大自然的风光、聊天、休息。《真实 VR 网络钓鱼》被 VR 设备制造商 Oculus 评为“2019 年最好的体育健身类游戏”，在销量最多的虚拟现实游戏排名中是唯一上榜的韩国游戏。在这个钓鱼平台上钓鱼最多的是英国一位患阿尔茨海默病的老爷爷。他在 SNS 社交媒体上留下了这样的话：“由于失去妻子的伤痛，我非常艰难地度过每一天，直到儿子买回虚拟现实设备。在这台设备上，我与别的用户相遇、对话，有生以来第一次沉迷于钓鱼运动，重新找回了人生的意义。”

《真实 VR 网络钓鱼》并不是仅仅被视为游戏。它让人们一起分享不同体验，折射能够康复的因素。《真实 VR 网络钓鱼》以韩国引以为傲的八道风光为背景，游戏用户中 99% 是外国人，间接地起到了吸引外国人到韩国旅游的效果。我们自然会认为游戏用户大部分是喜欢钓鱼的人，可实际情况却是大部分用户是钓鱼新手，有的人甚至从未钓过鱼。这是向更多人传播了虚拟钓鱼体验所带来的结果。

元宇宙，开启认同与参与新时代

通过元宇宙，社会成员可以了解各类社会问题，相互认同，共同参与。联合国儿童基金会利用虚拟现实，开展改变人们对叙利亚难民问题认识的活动。它的出发点是即使人们不能到现场，作为改变认识的方法，试着体验一下难民的困难也是好的。在韩国差不多一年时间开展活动的结果显示：参与赞助的、体验虚拟现实的人比没有体验的人高出了 80%。

国际红十字委员会与谷歌等共同制作的“正确选择”，用虚拟方式让人们体验到无论如何选择都会招致悲剧性结果的战争真相。社会企业 Cornerstone Partnership 制作了一款程序，让社会福利人员能从未成年人观点来体验虐待、弃养等不良现象。这款程序设置了未成年人体验到的弃养、家庭暴力等 12 种状况，从孩子们的观点体验漠视、暴力、虐待等情况。这款程序力图通过这种方式的体验，来理解孩子，形成帮助他们的共识。丹麦计划利用虚拟现实来解决青少年的饮酒问题，美国正在利用虚拟现实给酒精中毒者治疗。

国际红十字委员会与 Epic Games 的游戏和虚拟现实平台《堡

垒之夜》合作，推出了“liferun”模式。在射击游戏中，伤员救治、国际援助任务成为游戏选项。在“快救人，战胜《堡垒之夜》”的liferun模式下，没有《堡垒之夜》中常有的战斗场面；取而代之的是，玩家进行人员救助、医疗、基础设施重建、扫雷、援助物资的快速分发等国际红十字委员会的四大核心活动。liferun的研发目的是提高人们对现在仍在持续的战争惨相的认识，了解国际红十字委员会正在80多个国家展开的人道主义活动。委员会负责人伦纳德·布莱斯比说：“我们正努力用聪明而有吸引力的方法来传播人们因战争而遭受痛苦的事实。通过liferun这个创意，人们可以了解国际红十字委员会是一个怎样的团体。”

如上所述，元宇宙并不止步于产业领域，它正在支持人们相互理解、相互认同，通过共同参与来解决社会各种问题等方面发挥着作用。

元宇宙与公共服务

公共服务向元宇宙转型

公共服务行业也可利用元宇宙进行创新。政府提供国防、治安、灾难救助等各种公共服务。传统互联网革命始于国防部门，说明公共部门在牵引初期创新上起着重要作用。如同在互联网时代一样，在元宇宙时代美国还将国防部门当作创新的基石。美国将国防领域在元宇宙的创新与产业紧密结合起来。

2021 年 3 月微软与美国国防部签订了合同，将向美军供应 12 万套增强现实设备 Hololens Headset。这是一个在未来 10 年总货值达 219 亿美元的特大合同。微软并不是第一次同美军签这类合同。2016 年微软研发了一体化视觉增强系统（IVAS），2018 年向美军提供了价值 4.8 亿美元的基于这种方式的 Headset 测试品。如果在微软的 Hololens 上调出军用特殊版本的视觉增强系统，就可以使用诸如友军位置、指南针、建筑鸟瞰图、热成像、战斗训练模拟结果报告等功能。

纽约市警察正在利用虚拟现实来应对恐怖活动等各种危险状况。纽约市警察利用元宇宙技术，将现实中发生的各种危险情况用虚拟方式体现，实施针对性应对训练。训练导调官通过模拟，监控正在训练的警察，在训练过程中随机导调照明或营救人质行动等突发情况，训练如同实战。负责应对恐怖活动的官员约翰·肖夫曼说：“在更短时间内，获得更多的预案。真的沉浸其中，心怦怦跳，很有真实感。”

VirTra 研发的虚拟警用训练系统，是一款基于真实案件数据生成的脚本进行模拟应对训练的系统。使用这个系统，可用投影仪将视频投射到墙上，进行模拟应对训练。这个系统军队也可以使用。

IT Corner 研发的虚拟体验 CSI，可用虚拟现实技术重现警察业务，如接受报案、全副武装出警过程、通过对实际尸体的描述和摄像收集信息等。用户随时可浏览通过摄像收集到的信息，直接在案件现场拉起禁止靠近的标识、竖起证据标识板等。这些都可在这款 CSI 中得到体验。

日本 KDD 公司与日本铁道公司共同研发了虚拟现实灾难对策训练解决方案，以提高地震、海啸等自然灾害发生时火车司机的判断能力。训练内容是在灾害发生时，司机选择什么样的行动，才能使乘客安全应对灾害。海啸等灾难应用程序显示在虚拟现实画面上，让人们能够确认离火车停靠地点最近的出口和避难场所。

2019 年至 2020 年，澳大利亚发生了数十年来都没经历过的最大规模森林火灾，遭受了很大损失，230 万公顷森林被大火烧掉，约 50 亿头动物受到伤害。有鉴于此，澳大利亚政府利用元宇宙来应对类似灾难。总公司位于澳大利亚的 FLAIM System 为消防员研发了虚拟训练模拟器。将现实中十分危险的情况在模拟器中呈现，使消防员身临其境。FLAIM System 的 CEO 詹姆斯·马林斯说：“虚拟训练的核心是在虚拟环境中将消防员置于与现实中一样的危险境地，在那里训练让他们经历多次失误，做出决策。”FLAIM System 重现在住宅火灾、飞机火灾和山火等不同虚拟现实场景中的烟和火、水及灭火器的泡沫等，也有真实的烟气出现。根据不同场景，软件计算火灾源距离、方向对消防员形成的影响，设定温度值。接受虚拟训练的消防员要实际穿戴消防服，因为在虚拟现实中温度能升到100摄氏度。为了保护消防员，这个温度限定在很短的时间内。另外，消防员还能体验到用消防水管喷水时的压力，虚拟训练模拟器在这种状况下，可持续测量消防员的心脏跳动和呼吸频次。

FLAIM System是澳大利亚维多利亚迪肯大学2017年成立的公司，现在向澳大利亚、英国、荷兰等全世界16个国家出口虚拟消防训练。虚拟消防训练方式可节约资源，解决环境污染问题。传统的消防训练方式，在训练过程中会排放烟气和污染物质，对环境造成影响，在实际训练过程中还会使用大量的水，灭火器产生的泡沫也会污染土壤和水质。与此相反，如果用虚拟方式进行消防训练，则不必用水，也能解决其他污染问题。

美国加州消防机构Cosumnes Fire Department与虚拟现实企业RiVR进行合作，推出了消防教育训练系统。资深消防官莱德说：“虚拟场景太真实了，给我留下很深的印象。在虚拟训练中，确认虚拟中的火灾源，在火源迅速蔓延的情况下真的能感觉到心跳速度加快。”

构想“元宇宙国”的国家们

新加坡自2018年起推动“虚拟新加坡”的建设，将全部国土用虚拟世界来体现，历时3年完成。“虚拟新加坡”是一个将构成现实世界中城市的所有建筑、道路、构造物、人口、天气等所有有形无形数据以虚拟方式呈现的城市。“虚拟新加坡”与 3D 地图存在着角度不同的精妙。在这里，以公共机构、物联网设备所收集的信息为基础，建筑名称、大小、特征等信息，停车空间和道路，行道树、天气等城市规划所需的数据，任何时候都可被实时掌握。

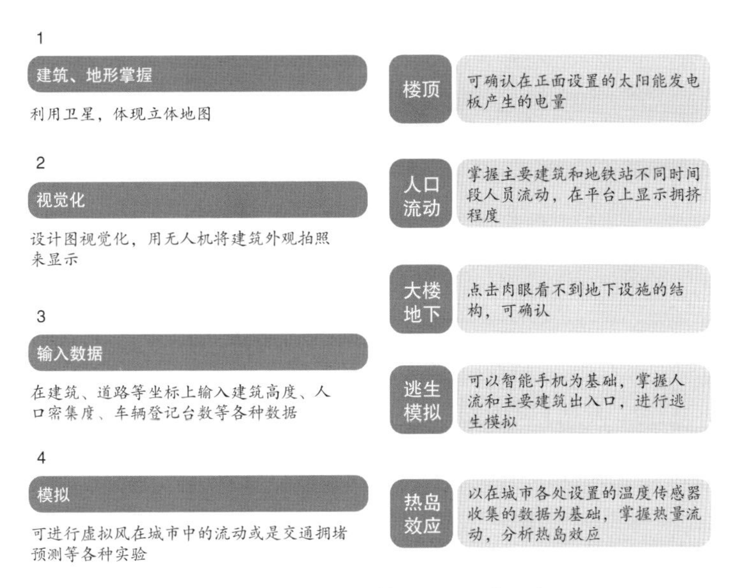

图 4–1　“虚拟新加坡”项目设计及应用

虚拟新加坡项目现在被广泛应用于新加坡发展所需的各种模拟、研究研发、规划制订、决策等城市运营的全过程。企业、政府在规划建筑或是公园建设等项目时，利用“虚拟新加坡”平台，能很快掌握建设项目与周边环境协调、对交通形成的影响、是否侵害采光权等问题。如果新建项目对车流、通行造成影响，可不用花费很多的经费就能轻而易举地进一步模拟或进行变更设计的多次测试。也可对建筑内部可能发生的情况进行测试。平台可以通过可视化的视频方式提供模拟过程，模拟在紧急情况发生时，测试引导员对市民逃生时间可能造成的影响。

用“虚拟新加坡”平台，可以以第一视角体验新加坡的城市，也可根据天气变化进行测试，还可用于灾难逃生。按条件进行检索，能掌握特定地区的日照量、建筑面积、楼顶温度变化数据。利用这些数据，可确定太阳光发电板安放的最佳位置。在火灾和有毒气体泄漏时，计算有毒物质扩散的方向和时间，以此来计算市民最有效的逃生路径；根据平均降雨量，预测洪水发生的可能和相关的损失，可事先做好设施维修的预案。

英国也有全部虚拟化的城市 VU.CITY。政府创建虚拟城市，用来更有效地运营城市。建设建筑时，能事先显示城市变化的空中轮廓，让市民体验城市的变化。现在这个虚拟城市已发展成为与交通、天气、新闻、环境信息等实时数据连接在一起、可互动的模型。

芬兰正推动“虚拟赫尔辛基”的建设，计划将首都赫尔辛基用虚拟方式构建出来，用于观光、购物、音乐会、模拟等不同目的。另外，芬兰用虚拟技术将落后地区卡拉萨马塔虚拟化，将城市环境整体发展成为一个用于规划、实验和服务的平台。

伍

元宇宙并非完美方案

元宇宙时代的风险与收益

有光就有影，光越强影越浓。技术的升级带来了革新，但也产生了无法料到的技术风险。技术风险是指因技术而产生的社会性、经济性、文化性和环境性风险。诺贝尔发明的炸药最初是用来进行矿山爆破的，但后来背离了它的初衷被用于战争。技术创新如硬币的两面，两者常常是相伴而生。如果不能适当地控制技术风险，技术创新就很难达成它当初定下目标的社会、经济效果。

元宇宙也是一样。元宇宙虽是引发产业和社会革命性变化的动力，但如其他创新一样，也会产生副作用，我们对此要有所应对。元宇宙由复合通用技术打造，即“虚拟融合技术 × 数据技术 × 网络技术 × 人工智能技术”等结合带来了创新，但通用技术带来的负面影响和风险也因这种结合而增大。互联网革命时期也有类似的情况，互联网引发了创新，但同样也产生了网络犯罪、网瘾、非法内容等各种问题，且仍继续存在着。与互联网革命时代相比，元宇宙革命时代风险的范围将扩大。让我们来了解元宇宙时代应该应对的风险吧！

元宇宙时代的社会和伦理问题

元宇宙与安全问题

美国普渡大学2017年发布《因〈宝可梦GO〉导致的死亡》报告，指出因《宝可梦GO》引发的交通事故造成的伤亡人数急剧增加。研究团队分析了2015年3月至2016年11月印第安纳州所发生的12 000件交通事故数据，结果显示自《宝可梦GO》上市的2016年7月以后交通事故显著增多，特别是在能获得《宝可梦GO》游戏所需的精灵球的精灵补给站100米以内区域的交通事故增加了26.5%。事故原因主要指向驾车漫不经心。研究团队表示《宝可梦GO》上市后的148天里，社会、经济遭受的损失达20亿—73亿美元。虽然虚拟与现实的融合给人们带来了乐趣，但也同时带来了负面影响。制作《宝可梦GO》的安蒂克公司对此采取了很多应对措施，如发送弹窗信息提醒不要在驾车过程中玩《宝可梦GO》，车辆时速超过30英里（约48.28千米）就不让“宝可梦”出现等。

因增强现实，也发生了法律纠纷。在美国加利福尼亚州，有12名居民因《宝可梦GO》被人强闯私人领地，对安蒂克公司提起集体诉讼，要求安蒂克公司赔偿损失。诉讼自2016年8月开始，直到2019年9月才与当事人才达成和解，每人获得赔偿1 000美元。

2017年密尔沃基所在的州政府认为增强现实引发社会性问题，遂制定了相关技术研发企业负担社会性责任的条例。《宝可梦GO》上市后，密尔沃基县公园被破坏，垃圾增多，警察要长驻公园，因此增加了管理成本。联邦法院判决相关规定限制了表达自由，条例没能得到执行，但仍有人主张基于增强现实造成的事故危害，有必要对增强现实技术进行限制。

进入2021年以来，企业对增强现实的兴趣更加高涨。脸书、苹果、三星等大企业争先恐后地投资这一领域，加快相关产品的上市。虽然与现在的产品制作水平有距离，但2013年谷歌就制造推出了"谷歌眼镜"。当时在美国发生了第一例因戴谷歌眼镜开车而被检举违反了交通法规的事例。居住在加利福尼亚州的一位女性，因在开车过程中戴谷歌眼镜而违反了交通法规，被举报给警察。当时警察向这个女性发出告知书，称超速驾驶和戴谷歌眼镜两件事违法。法院判决的结果是无罪，但对在驾驶中戴谷歌眼镜是否合法没有给出结论。

英国也曾推动过在驾驶中禁止戴谷歌眼镜的立法。如果当时增强现实眼镜呈爆炸式增长的话，将很可能给佩戴者造成后遗症。最近，问题的火种可能会被再次点燃。

在美国戴谷歌眼镜开车的驾驶员因交通违法被举报的同时，迪拜的警察却正准备引进谷歌眼镜来管制交通违法行为。迪拜警察研发了两款应用程序，一款是用谷歌眼镜对违法车辆照相上传至数据库的应用程序，另一款是认知车辆号牌并从中识别出被通缉车辆信息的应用程序。美国纽约警察也曾尝试引进谷歌眼镜。今后围绕隐私保护、安全等伦理性问题将成为元宇宙内的一个新课题，需要寻求更广泛的解决之策。

元宇宙中的非法行为

《上周我在虚拟现实中遭受到了性骚扰》，2016 年 10 月以这种冲击性标题开始的一篇博客文章，震惊了美国社会。一个笔名叫作乔丹・贝拉玛耶的女性在博客上写的文章迅速在线上传播，引起了轩然大波。这件事发生在乔丹・贝拉玛耶在体验一个叫 QuiVR 的虚拟现实游戏时。乔丹・贝拉玛耶说虚拟现实提供的巨大沉浸感使自己战栗，在射箭摧毁僵尸的游戏中感到恐惧，克服了这种恐惧又感觉到如神仙般的喜悦。

但是在连接了“多玩家”模式与联网的其他玩家开始玩后，事情发生了。一起玩游戏的、用户名叫“BigBro442”的玩家突然抚摸乔丹・贝拉玛耶的胸部，进行虚拟化身性骚扰。乔丹・贝拉玛耶在接受 CNN Money 的采访时说：“以前在现实生活中我也曾受到过性骚扰，与那时受到的冲击没有什么不同。”这一问题付诸公论，引起了人们热烈的讨论。之后 QuiVR 游戏的研发者亨利・杰克森和乔纳森・森克提出技术性解决方案。“假如她用手指轻打，如同把蚂蚁打飞一样，将那名不良玩家打飞如何？”该事件的后续是在游戏中补充制作了一个叫作“私密空间”的功能，可以使因性骚扰受到折磨的玩家摆脱对方。

2021 年 4 月，韩国也有媒体报道过虚拟化身性骚扰问题。小学生郑某（12 岁）在元宇宙空间 ZEPETO 中受到了性骚扰。她来到虚拟空间游泳场，在这里遇到的一个男性的虚拟化身对她实施了虚拟化身性骚扰，她慌慌张张地按下了退出按钮，及时避免了这种情况发生，也没敢告诉父母。小郑说：“这样的事不想告诉父母，以免他们担心自己在 ZEPETO 上花费太多的时间和金钱。”2020 年 9 月，初中生 A 在 ZEPETO 上也被虚拟化身跟踪骚扰和偷拍。A 小姐说：“一个虚拟化身持续跟踪我，我到了公园里，它还是跟了过来，吓得我浑身都起了鸡皮疙瘩。对方一直跟着我，想把我的化身也拍进他的自拍中。”

韩国智能信息社会振兴院 2020 年以 4 958 名小学、初中、高中生为对象实施的调查结果显示，有 19.7% 的学生回答受到过性骚扰，受侵害的空间是在线游戏的回答占 45.2%，回答完全不知道实施侵害的人是谁的占到了 45.8%。目前元宇宙最活跃的领域就是游戏和生活沟通，在这里活动最多的是 Z 世代。考虑到这一点，元宇宙空间性骚扰问题不能不说是一个很大的社会问题。

现在有很多企业努力在元宇宙里打造人的五种感觉。如果被打造出来的这些服装、手套等各种装备能将在元宇宙中对虚拟人化身的刺激传递给现实中用户的话，可能会造成更大的社会问题。如果说元宇宙打造出的高度沉浸感给人以积极影响的话，我们也应该严肃地面对它的负面影响。在互联网革命时代，技术和管制政策的滞后，造成了很大的混乱。我们须努力减少政策和法律滞后技术发展这一问题。

元宇宙与隐私问题

随着人们在互联网时代的生活发展，保护个人信息和侵犯私生活等隐私问题持续产生。这期间发生了很多个人信息泄露事件，让我们简单地来看一下脸书的例子吧。2018 年 6 月，通过英国政府咨询企业 Cambridge Analytica，脸书 8 700 万用户个人信息被泄露。这些信息曾在 2016 年被特朗普总统候选人阵营使用，引起轩然大波；2019 年 4 月，5.4 亿人脸书的个人信息被泄露到亚马逊云服务器上；2019 年 12 月，超过 2 亿用户的个人信息被泄露到黑客社区；2021 年 4 月，5.33 亿脸书用户的个人信息被免费公开到黑客社区，总共有 106 个国家的个人信息被泄露，其中以美国 3 200 万人、英国 1 100 万人为首，受害韩国用户的规模是 12.1 万人。被泄露的内容包括电话号码、姓名、住址、电子邮件地址等特定身份信息。这样的问题总是接二连三地发生。

据预测，在元宇宙时代类似事件将可能更多。今后，我们将在元宇宙里利用各种创新型设备和服务来往于虚拟和现实之间，通过五种感官互动，进行新的体验。从数据隐私方面来看，元宇宙中所收集的数据规模与互联网时代相比，规模将极其庞大，范围将更加宽泛，还会包括更敏感的信息。在元宇宙内，用户看了哪个地方、做了什么事，甚至心跳多少等生命体征数据都会被收集。通过支持传递五感与互动的创新设备与服务所收集的数据不计其数，与在传统互联网时代所能收集的数据范围、规模和敏感度相比，二者相去甚远。

根据斯坦福大学虚拟人互动研究室的研究，在短短的 20 分钟虚拟现实体验中，就能从用户收集到 200 万条数据点。根据美国消费者协会以在线消费者为对象实施的问卷调查结果，全体消费者的 42% 认为增强现实的局限首推数据隐私，因为利用增强现实的体验会泄露消费者的外貌和居家环境。斯坦福大学以 500 多人为对象进行的虚拟现实收视研究结果表明，虚拟现实设备用不到 5 分钟的身体动作数据就能识别出用户的概率是 95%。如果利用升级了的元宇宙设备，人们就越来越有可能掌握人眼和面部的活动、瞳孔的直径、皮肤的反应等情况。

在元宇宙，用户通过自己的虚拟化身来表现自己，可进行超现实的表现或很现实的表现，性别、种族等人的各种要素被公开。超现实的虚拟化身本身也能成为表示个人的信息。与数字照片等二维图像不同，在元宇宙中显现的三维环境和在其中表示出来的虚拟化身的身体、外貌、语言和行动等都会以数据形式被记录下来。这种可观察的数据有被用来假装成特定个人的风险。例如，有恶意的人假装成别人的虚拟化身来做坏事。这可能会导致个人的名声和精神受损，也可能因诈骗、身份盗用而在经济方面遭受损失。

数字著作权保护团体 EFF 担心元宇宙时代出现个人数据，特别是人体数据泄露问题。EFF 指出，我们的眼并不仅用在看上，也是用来表示想和感觉的方式，人体数据与信用卡、密码不同，是不可改变的信息，一旦被收集，用户几乎不能避免因数据共享和泄露而造成的损失。另外，EFF 表示，增强现实眼镜使用者在公共场所很容易直接侵犯到处于同一个地点和场所的他人隐私。但是对此，增强现实眼镜制造企业却没有提及。针对这一情况，脸书曾宣布将对收集的信息进行过滤或事后采取隔离方法。今后人们将会继续探讨元宇宙数据隐私保护问题，以寻求创新与规制间的平衡。对所有数据进行管制，将会使得创新消失，难以让用户拥有超凡体验。

元宇宙与平台控制力

2018 年 1 月《华尔街日报》曾有过以下报道：“如今大数据企业的市场垄断十分严重。谷歌在美国占据了互联网搜索的 89%，使用互联网的美国青年95%在用脸书，亚马逊支配了在线图书市场的75%。而在非垄断情况下，两个企业平分市场。谷歌和脸书占据了线上广告市场的63%，苹果和微软供应了95%的台式电脑操作系统。”同年2月《纽约时报》报道：“成吉思汗和世界语都没能实现对世界的支配，谷歌却成功了。谷歌世界在线搜索占有率达到了87%。”在互联网时代最受人关注的是平台企业。平台改变企业版图，颠覆了全球企业排名。确保平台竞争力，占据有利位置，就能创造高额收益。但人们一直在提出平台垄断问题。我们所熟知的强势平台微软、谷歌、苹果一直面临着这一问题。

1998年，美国政府以微软违反反垄断禁止法将其告上法庭。美国政府主张，微软利用PC操作系统的压倒性支配力量，在浏览器市场阻击竞争产品。微软以在视窗系统中捆绑销售自己公司浏览器“探索者”的方式，拉开了与有力竞争对手网景的距离。2000年一审法院命令微软接受政府的要求，将公司拆分成两个，但微软抗诉了。2001年，布什政府上台后，通过向政府妥协，微软避免了公司拆分情况的发生。2002年，法院以命令微软采取措施保障公平竞争的方式终止了诉讼。

移动通信时代的领军企业当数谷歌和苹果。2012年12月，美国纽约州等38个州政府发起了以谷歌为对象的反垄断诉讼，在这前一天，谷歌被得克萨斯等美国10个州以相同的反垄断理由告上了法庭。政府在向法院提交的64页诉讼状中主张，谷歌持续进行各种不公正的市场行为，以维持在搜索和广告市场中的垄断支配地位；如果没有法院的命令，谷歌通过反竞争战略，削弱竞争，减少消费者选择，阻碍创新；谷歌通过与几大智能手机制造商和移动通信公司的排他性合同，主要搭载谷歌应用程序；消费者如果购买新的智能手机，不仅谷歌搜索窗还有 G-mail、谷歌地球都搭载在上边，阻碍了其他竞争者的进入。另外，谷歌与在美国智能手机市场支配力占第一位的苹果公司串通一气，在苹果手机上主要搭载谷歌搜索，影响了其他竞争者的进入。作为在苹果智能手机上用作主要搜索窗设置的代价，谷歌 2018 年支付苹果 90 亿美元，2019 年支付 120 亿美元。这样一来，谷歌就构建起了在线搜索市场中的非法垄断地位，损害了消费者和广告主的利益。谷歌的 chrome 浏览器占据了世界市场的 70%，移动通信搜索量的 95% 都通过谷歌来实现。谷歌以强大的搜索引擎，占有了世界线上广告市场销售收入的三分之一，2020 年的广告收入约为 420 亿美元。美国法务部副部长杰福里・罗森在记者会如是说：“如果不阻止这种行为，今后美国人在市场上将永远看不到第二个谷歌。”

如此看来，元宇宙时代会怎么样呢？《网络政策》期刊的总编辑艾米莉・泰勒在 2016 年 12 月的专栏中写道：“随着世界搬家到互联网，不是国家而是企业支配了社会。与古代的罗马帝国相比，谷歌使更多国家殖民地化。在世界 95% 的国家中，谷歌和油管是最有人气的网站。谷歌在 20 年里没放一枪，仅靠猫咪录音带和油管明星 PewDiePie 就使整个世界屈服了。”

在元宇宙时代，人们现在聚集在哪个平台，正在向哪里搬家？是不是正聚集在不是网站的元宇宙空间？随着元宇宙时代的到来，平台竞争将迎来新局面。当然传统的强势平台不会在一夜之间倒掉。他们也将做好准备迎接元宇宙，但是新平台竞争结构将要形成，霸权竞争将要开始——不，已经开始了。元宇宙平台强者《堡垒之夜》与苹果公司已展开诉讼。问题是随着《堡垒之夜》的研发公司 Epic Games

绕过苹果应用商店推出自己的结算系统爆发的。Epic Games 决定推出自己的结算系统，原因是苹果应用商店处于不公平的应用程序流通最高点。要在苹果手机或是苹果平板电脑上玩《堡垒之夜》游戏，必须在苹果应用商店中下载应用程序，在游戏内必须用虚拟货币 V-bucks 购买装备，问题是只允许在苹果商店内结算。苹果对 InApp 结算手续费征收高达 30%。Epic Games 推出自己的结算系统后，苹果认为违反了自己公司的政策，在应用商店中把 Epic Games 的《堡垒之夜》游戏删除了。原有的《堡垒之夜》用户无法接收游戏数据，新加入用户无法下载应用程序。Epic Games 展开反击，进行以"#Free《堡垒之夜》"为主题的宣传活动，同时诙谐地模仿苹果把 IBM 委婉地认作大哥的著名广告"1984 Macintosh 广告"，起诉苹果公司。

Epic Games 批评苹果公司 InApp 结算手续费高达 30%，而自己商店的手续费仅为 12%，苹果公司的商业模式是反竞争的。对此，苹果公司进行了反诉。Epic Games 的 CEO 斯威尼集合反苹果和谷歌的企业，大举雇用律师等专家队伍。Epic Games 以寻找自由的名义将此次诉讼命名为"自由工程"（project liberty）。微软、脸书、Sportify 等支持 Epic Games，共同参与了诉讼。斯威尼向支持自己的企业发送了"我们即将能享受到烟花怒放的美景"的电子邮件，提起了诉讼。

斯威尼有过与大型企业斗争的经验。Epic Games 曾准备将《堡垒之夜》发展成为游戏主机平台，为此提议与微软、任天堂和索尼等游戏机制造公司合作。微软和任天堂公司表示赞成，而索尼公司犹豫不决。在这种情况下，斯威尼中断了数据更新，游戏机用户不能与 Xbox 用户一样来玩《堡垒之夜》。抱有很大期待的游戏机用户声讨索尼公司。结果是2018年索尼决定与Epic Games合作。

互联革命时代出现过强势平台，在市场中占据了主导地位，人们对垄断和不公平行为的争论一直不断。现在处于互联网的下一个版本即元宇宙的时代中，也出现了新的强势平台，并且还将继续出现。它们围绕平台霸权竞争和平台支配地位的管制问题将继续存在下去。

元宇宙创新了产业与社会，但也带来了无法预料的新的社会和伦理问题。正如同元宇宙的创新一样，作为元宇宙的负面问题，我们必须严肃对待。问题的处理已经有了先例。对于与元宇宙加速发展相伴而生的问题，我们需要研究解决之道。

元宇宙与不可替代通证著作权问题

不可替代通证（NFT）是利用区块链加密技术，赋予JPG类型文件或视频等内容专有识别符的一种新型数字资产。把数字文件所有权储存在区块链上，就不能被伪造或篡改。因此，不可替代通证能判断数字作品是真是假，在数字艺术品、游戏装备等多种交易场合应用广泛。不可替代通证最初的应用是在电子猫（Cryptokitty）的游戏中。在这个游戏里，玩家通过区块链购买限量版的电子猫，给猫交配、饲养，交易用加密货币进行，如果哪个玩家培养出了漂亮、稀有和珍贵的品种，那只猫就会身价倍增。

很多像这样一类的虚拟资产将在元宇宙中被持续生产出来，虚拟资产所有权作为一个重要问题被带到了人们面前，这也成为元宇宙与不可替代通证迅速结合的诱因。用不可替代通证可进行交易的虚拟资产真是取之不尽，用之不竭。数字艺术家毕普（Beeple，本名迈克·温克尔曼）应用不可替代通证的作品《每一天：最初的5000天》在美国纽约佳士得竞拍中以6 930万美元价格成交，震惊了所有人。这件作品是将毕普从2007年起的13年间向网上上传的数字绘画作品拼贴而成的。因这幅作品，毕普跻身世界最昂贵艺术家之列，排在杰夫·昆斯和大卫·霍克尼之后，位列第三。

储存了围棋大师李世石9段唯一一次战胜“阿尔法狗”比赛的数字文件、美国特斯拉最高经营者马斯克的妻子兼画家格里梅斯用不可替代通证创作的画分别以2.5亿韩元、65亿韩元被拍走。虚拟空间还有用不可替代通证进行交易的数字房屋。韩国艺术家克里斯塔·金的作品《火星之屋》被人以5亿韩元的价格买走。

现在谁都可以很容易地用不可替代通证制作自己的作品来销售。Kakao公司的区块链技术分公司GroundX，基于自己公司区块链平台Klaytn推出了KrafterSpace，来提供不可替代通证发行服务。在KrafterSpace上只要简单上传文件就能制作不可替代通证。要制作不可替代通证需要作品、比特币和比特币钱包。用不可替代通证制作作品叫“铸造”（minting），这时须交纳叫作gas的手续费，用比特币来交纳。在这个过程中，准备销售不可替代通证的用户必须将作品上传交易市场网站Marketplace。KrafterSpace与浏览器钱包Kaikas联动使用，用户可在世界最大不可替代通证交易市场Open Sea上查询、销售登记和交易自己发行的不可替代通证。

KrafterSpace之外，还有几个支持制作不可替代通证的平台。不可替代通证交易市场除Open Sea外，还有Mintable、Nify、Gateway、Rarible和Marketplace。现在拥有最大不可替代通证生态的以太坊区块链支持Open Sea、Rarible、Mintable和Marketplace等。

随着元宇宙的扩散，不可替代通证版权问题渐渐浮出水面。元宇宙和不可替代通证创造了前所未有的革命性变革，但也由此衍生出版权问题。虽然谁都可以随心所欲地发行不可替代通证，但没有办法确认发行不可替代通证的人有无版权。

拍卖经纪公司华纳威国际发布消息称，将在22个国家同时举办线上不可替代通证作品竞拍活动，对金焕基的《全面点燃——无题》、朴洙根的《两个小孩和两个妈妈》、李钟燮的《黄牛》进行拍卖。但其事先没有与相关作品的作者进行协商，由此引发了争议。华纳威国际虽与作品的收藏者达成了竞拍协议，但争议之处在于版权与所有权是不同的。作者以外的收藏者不能用不可替代通证来制作作品。华纳威国际和作品收藏者向作者表达了歉意，最终平息了争议，但类似问题今后还可能会继续发生。

不可替代通证是否有版权难以验证。不可替代通证本身仅以元宇宙数据形式被提供出来，所以如果链接消失或是著作消失的话，不可替代通证作品从制度上是否能得到保护也是一个问题。另外，有的人也会用不可替代通证来制作版权期结束的作品。所以，对于元宇宙革命引发的不可替代通证版权问题，我们有必要从多个角度进行探讨，在政策上寻求解决之道。

陆

元宇宙重构战略

人间 × 空间 × 时间的革命

有研究认为曾经一度统治地球的恐龙消失是小行星与地球碰撞的结果。6 600 万年前一颗小行星坠落在墨西哥尤卡坦半岛附近的海上，造成了直径达 200 千米的一个撞击坑，这引发了剧烈的环境变化。生态系统遭受到巨大破坏，恐龙因无法适应环境变化而灭种。这说明力量重要，适应力更重要。由于元宇宙的扩散，一个数字化的宇宙将急剧膨胀起来。很多虚拟行星一方面与物理上的地球相融合，另一方面也将相互发生冲突。只有适应元宇宙，才可能生存下去。

我们应该做好准备，迎接即将正式到来的新革命——元宇宙时代。各种元宇宙平台的不断扩散，技术持续创新，投资增加，这显示元宇宙腾飞的条件已经准备完成。今后，元宇宙在广度与深度上会有很大变化，因此人们将在元宇宙中度过更多时光。正如未来学家罗杰·詹姆斯·汉密尔顿所说："2024 年，与现在的 2D 互联网世界相比，我们将在 3D 虚拟世界中度过更多时光。"

现在利用 Unreal、Unity、Unreal 捏脸器等元宇宙制作平台，任何人都可以免费、轻易、快速地制作出虚拟空间和虚拟人。如果这种智能化制作平台不断出现，升级换代全面启动，元宇宙内容将呈几何级数增长。随着元宇宙内容与多种设备间的结合，元宇宙生态将快速扩张。即将到来的元宇宙时代，不是依靠少数专家，而是由我们很多人单独或一起创造的、可无限遐想的新世界。

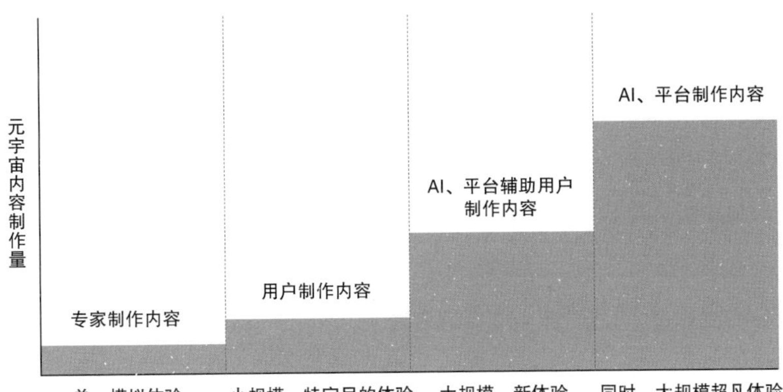

图 6–1 不同制作方式的元宇宙内容增加量

我们利用“虚拟融合技术 × 数据技术 × 网络技术 × 人工智能技术”，即“XR+D.N.A”等复合通用技术，在虚拟的沉浸式空间，以智能化的虚拟化身和五官来互动，达成现实生活中无法实现的梦想，开创 4I（沉浸、想象、互动、智能）差异化体验价值创造的新未来。

现在我们需要新的战略构想，来改变传统的人间、空间和时间固有的认识与惰性。我们要在不同领域设计“人间 × 空间 × 时间”相结合的元宇宙体验，确保未来竞争力。现在元宇宙在游戏和社交媒体等领域相对应用较多，但是现在作为元宇宙扩散的起始阶段，我们就要开始摸索全产业和社会领域的应用方案。我们需要元宇宙转型战略，以应对充满无限可能的未来。在元宇宙影响力从游戏、生活沟通等 B2C 领域向 B2B、B2G 等整个经济领域跨越过程中，社会经济主体需进行多元努力，来挖掘新的事业机会。

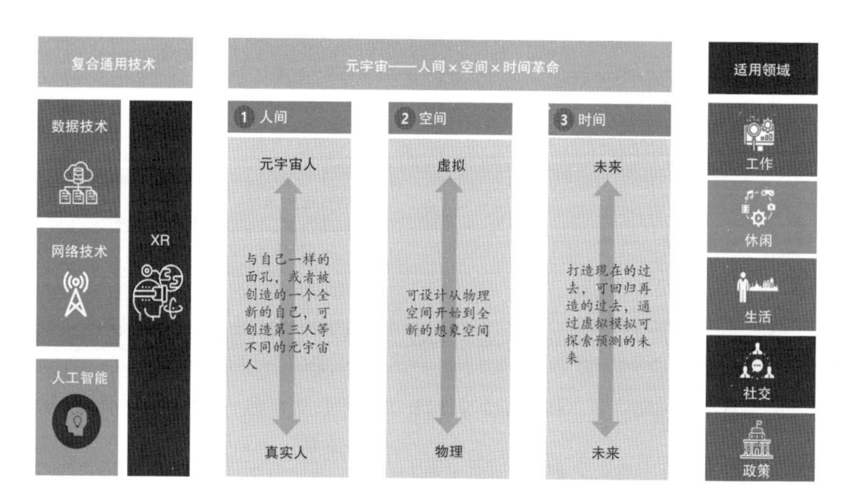

图 6-2 元宇宙——人间 × 空间 × 时间革命

让我们再回过头去看看第一章的提问吧！假如你能创造出人间、空间和时间，将用来做什么？让我们尝试着用新的想象来创造惊人的未来吧！用现实中不可能之战略来创造企业竞争之优势吧！通过元宇宙来革新公共服务和社会吧！跨越“本我”（自己本来的角色），用“第二角色”来设计新人生吧！

元宇宙重构企业战略

新战场，让我们共同用新观点来观望

元宇宙时代，战场发生了变化，企业要用新观点来看待竞争和合作，用新视角来认识竞争。就同业竞争者而言，美国奈飞公司的CEO里德·海斯廷斯将《堡垒之夜》平台看成最大竞争对手，而不是迪士尼。在线视频平台企业奈飞为什么对一个不是同行业的平台《堡垒之夜》保持警惕呢?《堡垒之夜》不只是一款游戏，还是一个生活空间，曾举办过叫作“短夜”（Short night）的电影节，也是全世界著名歌手演出的舞台。

数亿人花时间将目光放在元宇宙平台《堡垒之夜》上，自然而然地减少了用在奈飞上的时间。奈飞CEO里德·海斯廷斯看到了这一点。战场已然不单在线下和网站画面，还扩大到了元宇宙空间。在这场竞争中，传统的互联网“恐龙”们都不再自由自在。因为数亿人聚集的元宇宙平台继续在扩张，不断拓展业务领域。如果不能用新视角来看待竞争的话，“恐龙”们将因虚拟新行星们的碰撞而消失。这绝不是说传统的竞争者不重要、只看眼前的竞争者。我们应该注意的是：不要被那些看不见的竞争者“抓住弱点”。

合作的范围也要扩大。元宇宙游戏企业安蒂克与英国的戏剧团

Punchdrunk 缔结了合作伙伴关系。为什么元宇宙游戏企业要与戏剧团合作呢？ Punchdrunk 戏剧团以观众直接参加演出与演员互动的浸入式戏剧而闻名，代表作是《不眠之夜》。Punchdrunk 的演出没有第四墙，观众与演员在舞台上同呼吸。因此，观众能得到与传统戏剧不同的个性化体验。在《不眠之夜》的演出中，观众在长达 3 小时的时间里体验过去难以想象的戏剧。剧中观众被引导到一个 6 层楼的宾馆内，自由穿梭于超过 100 间的房子里，探索空间；有时被单独带到一个孤零零的房子里，与演员一对一接触。在《不眠之夜》的演出中，观众要戴面具，要把自己隐藏起来，严格控制手机使用，不能说话，尽量沉浸于演出现场。观众在 Punchdrunk 打造的 100 间房间内戴着面具进行超凡体验。安蒂克与 Punchdrunk 戏剧团的合作就是线上和线下元宇宙企业的一种合作模式。安蒂克公司正着力打造基于增强现实的元宇宙，找到 Punchdrunk 这个伙伴，来打造连接虚拟和现实的超凡体验。安蒂克与 Punchdrunk 通过不同形式的合作，编写虚拟和现实融合的新故事，将我们带到新的体验世界。

中国的互联网企业腾讯正通过投资扩大自己的元宇宙合作圈子。2013 年腾讯持有了《堡垒之夜》48.4% 的股份，最近收购了致力于研发增强现实技术的 Snap 公司 12% 的股份。此外，腾讯还全方位投资在元宇宙中日渐重要的区块链技术和在元宇宙中易于推广的平台项目。不仅仅是腾讯，现在已有很多的知名企业、电子企业、娱乐企业一边与元宇宙平台携手合作，一边在构想自己的元宇宙平台。

创造虚拟空间的领军企业 Unity 和 Epic Games 要与哪些企业合作呢？一度在游戏中拥有强大元宇宙制作平台、占领市场的这些领军企业，现在与哪些企业签订了合作备忘录？在韩国，CJ ENM 公司、三星重工业公司、大宇造船海洋公司、斗山工程机械公司、Mando 公司、高丽大学、庆尚国立大学、青江文化产业大学等企业和大学，正在加强合作，研究合作方案，来构建适合各自产业的元宇宙生态系统。

让我们共同理解元宇宙原生代

要用新观点来看待顾客。在元宇宙中要立体地认识顾客，因为每个顾客都是多人格角色。希腊语中“面具的人格角色”是指在别人眼中的外在人格。“多人格角色”的意思是指一个人就像是换着戴多个面具似的，根据不同情况来展现与“本我”不同的角色。如果说现实中是以“本我”出现的话，我们在元宇宙中就变身为“第二角色”。“本我”与“第二角色”相当大程度上是相似的，但根据个人性格取向，也可能会看到戏剧性的差别。

目前，最熟悉元宇宙的一代人是 20 世纪 90 年代中期到 21 世纪初期出生的 Z 世代，也就是元宇宙原生代。这一代人对通过社交网络在虚拟环境中创造新的自我已经得心应手，通过社交网络在虚拟环境中创造新的自我；通过多人格角色，创造表达不同的第二角色。例如，Z 世代在 NAVER Z 元宇宙平台 ZEPETO 和 NC 软件公司的粉丝社区“Weverse”中展现了各自不同的角色，正如他们在领英上（LinkedIn）强调自己的专业性和在照片墙强调自己的奢侈生活一样。根据应用程序分析企业 Sensortower 的调查，2020 年美国 10—19 岁的人在罗布乐思上一天要消磨 156 分钟的时光，油管 54 分钟，照片墙 35 分钟，脸书 21 分钟。根据罗布乐思自己的问卷调查结果，美国 52% 的 10—19 岁的人回答“在以罗布乐思为主的在线平台上度过的时间比在现实中见朋友花费的时间更多”。40% 的美国 10—17 岁的青少年每周至少登录《堡垒之夜》一次，在上边消磨掉 25% 的闲暇时光。

美国银行认为，Z 世代是所有年龄层中经济能力增长最快的。美国银行预计，随着 Z 世代进入劳动力市场，他们 2030 年获得的收入将达 33 万亿美元，占世界总体收入的四分之一以上，到 2031 年将超过千禧一代。所以，我们要在理解 Z 世代和他们的角色基础上，制定营销战略。

元宇宙时代重视 Z 世代的理由是显而易见的。我们换个角度来提个问题吧！元宇宙是专属于 Z 世代的吗？现在备受关注的元宇宙游戏中，这种现象可得到充分的理解，但是元宇宙并不仅存在于游戏和生活沟通中，还存在于全产业工人工作的地方，存在于创新社会的非营利机构中，存在于政府中。在 B2B 领域，元宇宙一直在进行着各种尝试并快速扩散开来。在那里，并不是仅有 Z 世代在体验元宇宙。是狭隘地理解元宇宙，还是从更宽的视野来分析元宇宙、找寻某种机会？机会就在那里，不同的视野决定了不同的受众。

元宇宙制造与价值链之元宇宙转型

目前，企业应从元宇宙的观点出发，重构人、空间和时间战略。我们应该在元宇宙工作，融合虚拟与现实，制造产品和服务，革新生产力，获取竞争优势。正如“在元宇宙中制造”（Made in Metaverse）一样。

有些房地产公司的全体员工现在再也不用去线下办公室上班，他们通过元宇宙平台 Gather Town 工作。员工登录 Gather Town，就会看到自己的虚拟办公室，与传统的办公室结构一模一样。虚拟办公室内员工有自己的工位和桌子，也有会议室。员工移动自己的虚拟化身到准备聊天的小组成员旁边，视频会议系统就会自动打开，开始两者间的对话，不会听到远处别人的声音。利用虚拟化身的虚拟办公室，改进了传统远程办公系统的缺点。从这一点来看是很有意义的。在打造得像是原来工作办公室一样的元宇宙环境中，通过自己的虚拟化身与别的组员对话，就像是在办公室上班一样。无须确定视频会议时间，不用发送链接也无须等待。利用自己的虚拟化身，员工随时都可与自己要找的员工进行面对面的对话。全球大企业奈飞公司、迪士尼公司、优步公司、欧特克公司和 Shopify 都在利用这样的元宇宙工作平台。

脸书的员工现在可申请永久在家办公。脸书最近修改了公司规定，所有员工不论职级，如果希望远程办公，都可申请。脸书 CEO 马克·扎克伯格在给员工的留言中讲道："过去一年出色的业务处理，让我们认识到了无论在哪里都可办公。"今后，脸书员工将在哪里办公呢？全世界的脸书员工将集聚到脸书的元宇宙办公室 Infinite Office 上来。

除脸书公司外，推特公司、吊盒公司（Dropbox）、Salesforce 公司等也决定让员工永久在家办公。当然这并不意味着全部产业所有的职业群体都只在元宇宙办公室上班，而是要根据产业和业务的特点有弹性地利用元宇宙工作平台。显而易见的是，今后人们在元宇宙工作的时间将会增多。如果元宇宙能提高工作效率、产生革新的话，那么工作模式将很难再回到过去。

在元宇宙工作，创造产品和服务，与价值链向元宇宙转型紧密相连。具体的企业活动如链条般相互连接，有机联系，创造价值。这些企业活动大致可分为流通、制造、营销等主要活动和研发、人事等支持性活动两大类。我们已在第三章中详细分析了在制造、流通、广告等不同领域元宇宙如何改变着产业。流通领域刮起了虚拟之风，虚拟工厂在运转，全世界的人才聚集到元宇宙，开展着设计、研发活动，虚拟人在企业宣传等价值链全领域开展支持活动。元宇宙正应用于整个企业价值链中，提高和发展生产力。

因此，我们不应仅停留在虚拟办公室工作概念，还要摸索新的解决方案，将元宇宙引入整个企业价值链，确立竞争优势。让我们思考一下在企业价值链上是否必需物理性的资产和人？在物理性的资产和人移动之前，让我们在原来的起点上思考一下是否可以“远距离传送”（Teleport）。或许我们不知道的是一场元宇宙革新正在那里翘首以盼。

元宇宙时代的人力资源战略

在企业的价值链中，让我们尝试一下把人力资源部门转型到元宇宙吧。从招聘到培训，都在广泛使用着元宇宙，招揽人才的招聘说明会也可以在元宇宙中进行。

LG Innotek 公司第一个利用元宇宙工作平台 Gather Town 召开了可双向沟通的元宇宙招聘说明会。400 名通过提前申请受到邀请的人员和 20 名负责招聘的人员以虚拟化身来参与。候选人利用虚拟化身，连接原样打造的 LG Innotek 公司总部一楼虚拟空间，可以自由参与自己喜欢的项目。LG Innotek 公司人力资源制度、组织文化说明会在此召开，受邀的候选人与公司前辈员工进行对话，对不同职务进行咨询，与人力资源负责人进行一对一的面谈。虚拟美术馆里放映着介绍公司的视频，仿照现实建造的公司内部咖啡厅休息空间里，参加者互相对话沟通。虚拟咖啡厅在特定的时间段还会举行特别的惊喜活动，向与咖啡师聊天的员工赠送咖啡优惠券。

SK 电信公司利用本公司的元宇宙平台“跳跃虚拟会面”（Jump Virtual Meetup）召开新概念招聘说明会，为候选人提供便利和安全。“跳跃虚拟会面”平台最多可供 120 人同时连接，参加者打造自己的虚拟化身，参加平台上举办的会议、研讨会、演出、展览等不同的聚会。在 SK 电信公司召开的元宇宙招聘说明会上，通过招募确定的 600 多名候选人和招聘负责人员以虚拟化身参与、会面。招聘说明会在招聘负责人按 SK 电信公司介绍、人力资源制度、招聘情况、招聘公告的顺序发布完毕后，开始接受提问。

招聘说明会结束后就是元宇宙面试。德国联邦铁路公司利用虚拟现实技术来选拔公司新员工。申请者头戴 VR 头盔，通过虚拟现实，直接体验与现实毫无二致的氛围，在体验中评估申请者有无解决问题的能力。

以色列企业 ActiView 公司利用虚拟现实技术开发了对企业申请人员进行评估的招聘平台。申请人员通过 ActiView 平台，参加基于猜谜的测试。企业通过虚拟现实模拟，能控制应聘者在虚拟环境中看到、听到和感受到的事物。根据让申请人员用虚拟方式观看公司办公空间后制定什么战略、在解决问题时如何思考、能否随线性序次猜出谜底等方面接受考察。另外，ActiView 平台还提供申请人员与执行总裁见面的机会。

假设新员工面试已经合格，下面让我们体验在元宇宙中进行新员工研修培训吧。LG 化学公司新员工研修活动，利用原样打造的公司空间元宇宙平台来进行。虚拟培训中心与现实中类似，有大礼堂、职教室、教室、休息室和食堂。生产、研发、营业等不同部门的 LG 化学公司新入职员工以虚拟化身走在虚拟空间里，学习职务信息和公司生活所必需的信息。在不同组别的会议室中，新入职员工利用虚拟化身和视频聊天来解决业务课题。在大礼堂里，新入职员工与以虚拟化身登场的公司管理层人员进行对话。

新员工研修结束，就可以在元宇宙正式开始上班工作了！房地产中介企业置房将办公室放在了元宇宙平台 Gather Town 上。原有的线下上班的建筑消失了，所有置房员工到元宇宙上来上班，各处仅留有召开顾客会议必需的办公室。置房总公司搬到了元宇宙上，员工在各自的家中，通过连接元宇宙办公室，将自己的虚拟化身放到桌子旁边办公。置房计划今后研发自己的元宇宙平台 Meta Plus，将线下办公室转型到虚拟空间。脸书最近发布试行永久居家工作制的消息，其员工不是一时而是永久可在家工作，他们今后将在哪里工作呢？脸书已利用 Oculus 平台研发完成了虚拟现实办公室 Infinite Office。推特和 Naver 的子公司 Line Plus 也正在推行居家工作制。

正式入职后，来体验一下用元宇宙接受职务培训吧。通过 Talespin 公司研发的基于虚拟现实的企业人力资源培训程序，公司员工可一边与虚拟化身对话，一边接受职务培训。由于提前准备了不同预案，员工可练习在不同情况下如何与虚拟伙伴对话和合作。同时，该程序可以根据员工的处置情况实时给予反馈，还可在顾客管理培训过程中，根据顾客的不同情绪进行有针对性的培训，以使员工在结束培训后能在现实中自如应对类似情况。

员工语言能力也可通过元宇宙提高。使用语言学习元宇宙平台Mondly，可与虚拟老师角色对话，也可在虚拟状况下学习不同语言。

若想在元宇宙上联系工作人员，可以在元宇宙中以虚拟化身工作，用虚拟资产支付报酬。Decentraland 作为一个区块链元宇宙平台，发布选拔元宇宙内赌场工作员工的招聘公告后，录用了一名全职经理。被录用的经理为了来 Decentraland 上班，辞掉了现实中吧台服务员的工作。他在虚拟中执行日程管理、业绩管理等现实赌场经理所监督的工作，业务工作则只登记在以太坊区块链上。

如上所述，元宇宙在员工招聘的整体过程和后续的企业培训中都得到了较好的应用。当然，这并不意味着所有的人力资源过程都要转型到元宇宙。在应用元宇宙时，要考虑到企业的规模、工作的特点以及费用等各种因素。随着后疫情时代工作方式发生的变化，未来的人力资源工作已很难再回归到过去的状态，应该到元宇宙中寻找出路。

向男团学习元宇宙战略

美国时事周刊《时代》评选的“世界上最有影响力的 100 大企业”中，韩国娱乐公司 HYBE 位列其中，与谷歌、特斯拉、苹果等公司齐名。这个名单中韩国仅有三星和 HYBE 两个公司。《时代》将这 100 个企业命名为“开展业务对世界具有非凡影响的公司”，说到 HYBE 时讲到两点。一是与迪士尼一样的粉丝关怀体验，二是能走向世界的某男团的 IP（知识产权）。HYBE 的“非凡竞争力”是基于他们强大的实力。这里他们有一个很好的帮手，那就是元宇宙。

《时代》周刊强调，HYBE 是给予与迪士尼公司一样价值体验的一类企业。这种价值体验是 HYBE 利用元宇宙来打造的。平时该公司旗下的男团成员使用基于生活记录的元宇宙，通过视频日志 VLOG，展示他们真诚的生活，与粉丝沟通。

HYBE 公司在男团成员出道之前，就录制他们的生活记录视频发送到博客上。男团成员在生活记录视频里，就像日记一样记录他们的日常生活，如他们是怎么来准备首秀的，在工作室一整天都做些什么练习等。这些东西通过社交媒体传播出去。男团不是通过电视综艺节目，而是用自己创作的内容来吸引粉丝，更重要的一点是他们的视频日志形式。团体成员真诚坦露出道前故事的方式，是从传统电视节目上无法看到的一种新方式，粉丝们模仿这些成员出道前的故事，很投入感情。通过这种方式，一个团体成名后，这些成为粉丝的人们也会模仿他们的历史。

由于新冠肺炎疫情，全世界的旅游都停止了，但男团的演出和沟通没有停止。HYBE 通过元宇宙重构了人间、空间和时间，奉献给粉丝超凡的体验，利用元宇宙展示了梦幻般的舞台。持续了两天的元宇宙音乐会《BTS Map of the Soul One》累计观众超过 99.3 万人，按每张 49 500 韩元的门票计算，总收入达 500 亿韩元。

HYBE 正在倾力打造 Weverse 平台，将相当数量的男团在 VLIVE 中展现的内容搬到元宇宙平台。男团自己的旅行才艺节目也被公布到了 Weverse 上，以前这个系列节目的渠道是 NAVER 的 VLIVE 应用程序。HYBE 正与 NAVER 合作，准备元宇宙平台企业转型的挑战。NAVER 以 4 110 亿韩元获得了 HYBE 子公司 Weverse 公司股份的 49%。HYBE 与 NAVER 计划将 LIVE 视频平台 VLIVE 与 Weverse 平台一体化。

在 Weverse 上不仅有某韩国男子组合，还有 Tomorrow X Together 等著名歌手。HYBE 公司持续收购多家经纪公司，建立了多标签系统。HYBE 与 NAVER 携手合作后，连续采取几个大动作，以 11 844 亿韩元的价格收购了伊塔尔控股公司（Itaka Holdings）100% 的股份。爱莉安娜 · 格兰德、贾斯汀 · 比伯等艺人所属的管理公司“SB 项目”是伊塔尔控股公司的子公司。预计 BLACKPINK 也将加入 Weverse 上。如此以来，油管订阅者位列前四位的艺人算是都聚到 Weverse 上来了。HYBE 让这些艺人都以 Weverse 为基地开展活动。因此，数亿计的粉丝将流入 Weverse。这些明星都将成为一个一个的“虚拟行星”，很多行星间将开始展开交流，他们交流的中心便是 Weverse。

美国《时代》周刊选定 HYBE 为“世界 100 大企业”时强调的第二点，就是某韩国男子组合的 IP（知识产权）。HYBE 用各种不同的形式再造某韩国男子组合的虚拟化身，正如打造多人格角色一样。

作为在线好友创建者（Line Friends Creators）的第一个项目，全球有名的卡通形象“BT21”是在线好友创建过程中与某韩国男子组合合作推出的新概念卡通形象阵容。传统上要专业设计师提取艺人的外形，打造成卡通形象。“BT21”用传统虚拟化身制作方法是诞生不了的。某韩国男子组合成员全程参与了各自卡通形象的制作，从卡通形象概述开始到赋予性格、讲故事、产品策划等。现在这些卡通形象正活动在各种不同领域。

HYBE 公司发布了反映某韩国男子组合 7 名成员各自外貌和价值

观的卡通形象 TinyTAN。TinyTAN 卡通形象是体现该男子组合第二角色的概念，具有通过动画“魔幻之门”（Magic Door）出入现实世界的世界观。HYBE 说：“在 TinyTAN 卡通形象上投射的不仅是某韩国男子组合成员的特征，而且还有原样搬来的音乐和表演所表达出的巨大影响力、治愈力和共鸣。”HYBE 宣布将利用 TinyTAN 卡通形象，推出各种内容的应用。之后，HYBE 公司还推出了 TinyTAN 卡通形象动画片，故事中 TinyTAN 卡通形象推开“魔幻之门”出现在不堪生活重负的主人公面前，给他安慰，助他成长。TinyTAN 卡通形象还被选为纤维柔顺剂品牌 Downy 公司产品的广告模特，据悉这个品牌的柔顺剂是某韩国男子组合田柾国平时使用的牌子。

HYBE 也拓宽了它与元宇宙合作的圈子。HYBE 与元宇宙游戏平台网石公司（Netmarble）合作，推出了“BTS 世界”“BTS 宇宙”游戏，游戏中某韩国男子组合的虚拟化身和粉丝可共同体验这个新体验世界。此外，以某韩国男子组合 IP 制作的游戏还有很多。现在我们正在与数不清的明星团体组合的人格角色相遇。

HYBE 公司将某韩国男子组合打造成多种虚拟化身和人格角色，给粉丝提供与众不同的体验。这是 HYBE 公司的一源多化身战略。HYBE 公司用现实中没有的很多元宇宙舞台来再造传统线下舞台，这是“N 空间”战略（N-Space）。

综上所述，HYBE 公司通过元宇宙，重构了人间 × 空间 × 时间，创造了超凡体验；通过元宇宙，确立一源多化身战略和 N 空间战略；通过与元宇宙平台或企业的合作，取得了倍增效应。一源多用、N 空间战略是企业长期以来坚持的强力内容扩张战略。当然，这些战略今后也仍然有效，但是在元宇宙时代，企业要在原有战略之上，应构想新战略，打造新的人间和空间以及时间，在新的人间、空间和时间环境中，创建竞争优势。让我们像 HYBE 公司一样，超越传统意义的娱乐型企业，转型为元宇宙平台吧！

重要的 4I Mix

4I 是指想象、沉浸、智能和互动，是将作为通用技术的虚拟融合技术与数据技术、网络技术和人工智能技术综合应用所产生的差异化价值。4I 要紧密结合在一起，才能更好打造元宇宙体验。

让我们再次回想一下 MBC 的虚拟现实纪录片——《再次遇见你》吧！母亲在制作人员打造出的、现实中不可能存在的、沉浸式的虚拟空间里，与通过智能技术创造出的“女儿”再次遇见，4I 有机联系在一起，创造了令人感动的元宇宙相逢。但凡缺少其中的任何一个要素，都很难完整地传递这种感动。元宇宙在过去很长的时间里一直被创造，现在仍在被创造着，未来这种创造还会急剧增加。过去和现在创造出的很多元宇宙平台没有受到关注的原因，是没有做好 4I 结合的文章，B2B、B2G 领域更是如此。让我们想象一下用元宇宙打造出的文化遗迹吧！当我们在沉浸式空间参观文化遗址之后，是否会有再次进入相同元宇宙的冲动？如果每次进入都没有新体验和互动，仅有沉浸感不会吸引人们再度进入。这意味着元宇宙生态内的合作尤其重要。企业仅靠自己的力量来掌握所有的 4I 技术，相对来说比较困难。所以我们要构建元宇宙生态圈，促进元宇宙生态圈发展。

向“元宇宙政府”转型

说说国民体验元宇宙之意义

人们体验元宇宙有何意义？虚拟现实空间概念与19世纪欧洲的全景画概念是一脉相承的。全景画绘画是指在平均宽2 000米、高15米的庞大建筑圆筒形侧面绘制巨大的风景图案。最初的全景画绘画来源英国军队，用于侦察。英军将敌人的阵营制作成一个巨幅画卷，来观察了解敌情。之后这幅全景画被搬到伦敦来展示，让市民了解军队。随着大众对全景画的日益关心，19世纪在欧洲全域建造的全景画剧增到200—300个，展示也随之增多。

过去吸引了不论素质高低的所有阶层的物理性元宇宙，即全景画的效果，几十年后的查尔斯·狄更斯给出了准确的表述：“低廉的新方法不断被发明出来，让人们实际体验到了自己能力担当不起的体验。需要强调的是国民能享受这些方法，规定了这个时代令人期许的特征。因为占有这些发明的不是特权阶层，而是平凡的普通人。这些方法带给了那些没有闲暇时间只能待在家中的人们实际旅行般的体验，在他们的眼前、在他们所处的渺小的世界另一面，打开了一个新世界，扩大了他们获取信息、得到认同和引起兴趣的视野。这对所有人都是有利的，让人能更好地认识人。”

如果要让人们在元宇宙互相理解，共享普惠，政府应做些什么准备呢？

从电子政府向元宇宙政府转型

我们认为，现在有必要研究从电子政府到元宇宙政府的转型方案，用元宇宙创新不同的公共服务。韩国虽在2020年OECD数字政府评价中位列第一，但是在具体评价项目中仅列“积极主动政府”第12位，这说明政府需要对元宇宙革命做准备。“政府24”是一个有代表性的数字公共服务平台，利用率为57.4%，仅有18.3%的60岁以上高龄老人使用。

能否提高这类实用、方便的公共服务平台的使用效率呢？从登录2D画面开始到最终接受服务需要很多输入和认证，但实际上很多人在这个过程中途就放弃使用了。

让我们来想象一下，如果进入虚拟洞事务所会如何吧！我们就像是在现实中一样，进入虚拟空间。在入口有人工智能虚拟化身来询问办什么业务，简单的服务虚拟化身可以直接帮助办理，而面对复杂难办的公共服务业务则会根据需要调动洞事务所工作人员出来办理。如果能摆脱互联网画面，进入与现实一样的虚拟空间，与智能化的虚拟化身互动，那么我们将轻松快速地得到公共服务。用元宇宙打造一种新体验，感觉就像现实中我们自然地走进洞事务所利用公共服务一样。金融领域也在进行与此类似概念的尝试。美国的信用组织GTE打造了一款虚拟元宇宙，在这里顾客在虚拟环境中自行处理金融业务，必要时可与金融机构工作人员实时聊天。

让我们再来想象一下元宇宙图书馆吧！我们虽身在家中，但能在虚拟图书馆中挑书，找座位看电子书，或者制作资料。如果发现了朋友，也可以过去搭话，一起到休息室玩游戏，或随意地聊天。图书馆内有知识生产平台，在电子书制作工作室可以轻易制作出电子书，也可售卖和购买制作完成的电子书。在这里挣到的收益可以换算成现实中的货币。

在已经来临的元宇宙时代，我们要探讨不同部门公共服务基础设施和服务转型到元宇宙的可能，研究提高政策效率等向元宇宙政府转型的方案；构建在元宇宙信访管理、科技馆、图书馆、美术馆、国立大学、公共医疗等领域超越时空般的超凡元宇宙体验，传递给大众；打造虚拟国家，尝试基于数据的政策制定、预见性应对体系建立等方面的元宇宙转型。

国民和政府共同创造的元宇宙国防创新

国防是代表性的公共服务，也是创新的摇篮。互联网革命就是从国防领域开始启动。ARPA 网首先是军用，之后才逐渐发展到我们所有人都能使用，慢慢将创新之风吹进了全产业和社会领域。美国国防部没有忘记在互联网上成功的经验，将这些经验应用到了元宇宙时代。此合同签订之前的 2016 年，微软研发出了一体化可视增强现实系统（IVAS），2018 年向美国陆军提供应用了这个系统价值 4.8 亿美元的测试产品。另外，2019 年微软还与美国陆军签订了 10 年 100 亿美元的一体化云合同。使用微软研发的 Hololens 增强现实 HEADSET，在眼前就能看到地图和指南针，可识别友军位置；通过热成像侦测，可识别敌军；用语音和手的动作，可操控增强情报。美军准备利用元宇宙来提高战斗效率。微软已经在元宇宙游戏《我的世界》、元宇宙协作平台 Mesh、Teams 以及云技术和人工智能技术方面拥有了领先力量。微软的“XR+D.N.A”力量与一体化可视增强系统（IVAS）和 Hololens 相结合，正在引领美军的创新。这种创新将再次向全产业领域扩展，可看作一场革命。

美国国防部正致力于利用元宇宙的演习训练，构建合成演训环境（STE）。合成演训环境支持实时、虚拟和建设性的演训，增强现实、虚拟现实等不同形态的元宇宙与国防演习训练联结在一起。2018 年开始正式出炉的合成演训环境，是因为认识到传统演习训练方式的局限。以前美军一直在进行应用元宇宙的国防演训活动，将国防演训活动细分，将虚拟现实或是增强现实等不同形成的元宇宙方式，设计在演习训练程序中。但是，各元宇宙演训程序沉浸水平很低，演训程序中虚拟人的智能化水平不高，互动不足；各演训程序中获取的数据结论不能一体化地保存、利用和分析。特别是不能进行陆、海、空三军融合演训，演训程序中所使用的 3D 空间，因不同程序而异。因此，大量元宇宙演训程序虽被设计制作完成，但使用度低，使用一次之后让人缺乏二次使用的动力。

新的一体化演训环境，计划将传统的元宇宙演训环境进行一体化升级并以此来解决存在的问题；使用统一的 3D 空间地图，应用人工智能技术，使元宇宙程序中的客体智能化、充满活力，不同演训活动的结果数据得以一体化存储、分析。这样，陆海空和警察间可进行融合式演训，不同的演训模拟成为可能。美国国防部与微软合作的 IVAS 就同合成训练环境连接在一起。传统的元宇宙国防演训系统不能有效连接4I，独立实施。为了应对未来新的战争形态，现在我们需要将这些不同系统一体化升级。据估计，合成演训环境将在2021年第四季度具备投入使用的条件，2023年初期确保完全投入使用。

美军在军民合作方面集结“XR+D.N.A”力量，并通过这种力量升级国防元宇宙。这种力量不会局限在国防领域，而是将涉及全产业和社会领域。

元宇宙描绘的教育未来

人才和教育再怎样强调都不为过。新元宇宙时代教育需要怎样的变革？基本的方向是设计制作更多的元宇宙教育程序，让更多老师和学生能够使用。4I要与教育程序有机结合，这同前述的美国国防教育训练是一脉相承的。应用了虚拟融合、人工智能、大数据的教育程序现在有很多，并且还在持续设计制作中。问题是所有这些都是各个机构从自身拥有的技术出发设计制作的，效果很差。

被叫作元宇宙学校的初创企业支持各种不同的元宇宙教育环境，提供讲课所需的各种工具。让我们来想象一下通过元宇宙教育环境来上太空教育课的情形吧！学生转着参观虚拟空间冥王星，用HMD控制器或是电脑鼠标、移动触屏等，来阅读或是听对太空的介绍。没有身体的实际移动，用在线的方式，有沉浸感，通过简单互动学习事先策划好的关于冥王星的信息。学生学习了所有冥王星的知识了吗？是否真的还想再进入这个元宇宙教育程序呢？

近期谷歌在研发者大会上发布了人工智能设备“兰姆达”

（LAMDA）。“兰姆达”能与学生进行对话、回答学生们的各种问题。假如“兰姆达”在虚拟的冥王星空间生活会如何？学生沉浸在这个虚拟空间时可与智能化的“兰姆达”积极互动，通过 HAPTIC 手套来感触冥王星表面，用 SUIT 来体验压力。

在体现了这种遐想的授课过程中，老师的作用也可改变。在讲课之前，老师可以先让学生向“兰姆达”确认问题、提出课题。学生在单独向“兰姆达”听取回答后再去见老师，就可以与老师对冥王星进行高水平的讨论了。学生在与“兰姆达”的对话中提出的最多的问题是什么，可以用数据来确认分析。老师不是像以前那样单方面授课，而是参与设计“兰姆达”的过程，反馈新知识给“兰姆达”，再向学生补充、展示人工智能无法给出的智慧和观察。

与 4I 结合的元宇宙大学会是什么样子？如果我们构想新元宇宙教育，来设计超越时空的教育程序，摆脱教授和学生间单方面知识传递，效果会如何？教育如何向元宇宙转型？互联网时代的网络大学在元宇宙时代会如何变化？人们正期待着学校和国家进行 4I 结合式的元宇宙创新。

创造值得依赖、能认同的元宇宙

元宇宙给人带来了无限的创新机会，但许多社会伦理性问题也会随之而来。只有打造安全可靠的元宇宙，才能开启更多的创新之机。为了打造可值得依赖的元宇宙，政府的作用是不可或缺的。很难预测“XR+D.N.A”通用技术复合体会制造出什么样的风险，在这种风险没有实际发生的情况下，很难完全对其管制。我们应该制定面向未来的应对之策，持续观察元宇宙可能带来的风险，检视现行的法律和制度。

欧盟于 2021 年 4 月提出了制定可信任的人工智能法律体系的提案。由于这是在人工智能的发展需进行管制的大形势下出现的第一个法案，人们预测这将极大地影响到相关管制方向和市场。

人们对人工智能的信任问题直接关系到元宇宙。人工智能与虚拟融合技术和数据技术相结合，在虚拟空间打造了很多的虚拟化身和智能化的环境，并在智能化环境中解决不同的社会问题、创新产业。欧盟对人工智能的可信性管制也考虑到风险水平。欧盟将风险划分为不可容忍的风险、高风险和低风险，建议采取与风险水平相适应的管制措施。基于这一分类与元宇宙结合式的分析，被打造出来的元宇宙如果影响到人们的潜意识，歪曲或伪造人们的行动，恶意利用年龄、身体或是精神有残疾的特定人群脆弱性等都属于不可容忍的风险，根据欧盟的标准，这一类行为在元宇宙是被禁止的。

与生命有关的医疗、铁路等社会基础设施和与教育有关升学评价、招聘等全产业的不同领域等都属于高风险方面。如果被分类为高风险元宇宙，就要接受很多管制，比如要构建风险管理系统，向用户提供透明信息，接受人们的监督等。如果元宇宙不使用人工智能技术，上述管制就对它不起作用。但在我们看来，今后将被打造的元宇宙不使用人工智能技术的可能微乎其微。

据预测，到 2025 年 50% 的知识工作者将每天使用虚拟秘书。虽然元宇宙中必须解决的难题很多，但现在我们需要一个一个地拿到桌面上来，与不同的利害关系人进行讨论，从而研究、制定、完善相关制度方案。

对于元宇宙中所产生的风险，企业的技术措施和自律管制十分必要。正如在虚拟空间虚拟化身骚扰问题发生后，出现了能阻止别的虚拟化身的“私密空间”一样，企业应注意，要预先采取在元宇宙内可能发生风险的应对措施，在风险发生时能迅速实施技术措施，避免受害范围扩大。

人们信任元宇宙，善意使用，通过这种行为获得互相认同，就如查尔斯·狄更斯所言，这对所有人都是有益的。我们现在面临着歧视、战争、气候、贫困、孤独、不平等、残疾等太多的社会问题，今后能解决这类社会问题、能认同面临这类问题的人们，将在元宇宙发挥重要作用。这就要求政府、企业和用户一起努力，来共同打造值得依赖、能得到认同的元宇宙。

在元宇宙中设计新人生

第二角色盛行时代

每一个人都扮演着多种人格角色。根据问卷调查结果，77.6% 的职场人士回答自己在公司的形象与平时不一样，年龄越小这种倾向越强。80.3% 的 20—30 岁的人、78% 的 30—40 岁的人回答职场中的自己与平时的自己不一样。这意味着公司中的“我”与“本我”不一样。

另一个问卷调查结果的内容更有意思。45.1% 的职场人士回答下班后还与工作有联系，仿佛灵魂放在了公司，只是身体下班了。职务越高，这种比例越大。部长级的人中有 67.9% 回答下班后还与工作有联系，员工级的人中有 62.8% 回答下班的同时就中止了工作。

谁的灵魂整日在公司，谁下班后去找放在家的灵魂？越是后者表现多维人格角色的欲望就越强。也就是说去寻找第二角色，践行第二角色。第二角色是游戏中本来使用的账号或角色之外新创建的账户或是新建附加角色的缩略词，是表示个人在表现不同的多维人格角色时的用语。笑星刘在石在才艺节目《闲着干嘛呢》中使用了不同的第二角色，如“溜三丝”“刘尔甫斯”“U-Doragon”“知美刘”（以上音译）等。韩国演歌（一种朝鲜半岛的传统流行音乐）（Trot）歌手刘在石以歌曲《合井站 5 号出口》《爱之再造》等，广受大众欢迎，刘在石也以第二角色“溜三丝”获得了新人奖。另外，在与歌手李孝利、Rain 组成的混声组合“SSAK3”中，刘在石又化身为“U-Doragon”，占据了广播音乐榜第一位。大众疯狂追捧以多维人格角色演绎人生的刘在石。更多的艺人开始打造自己的第二角色并以第二角色来活动，第二角色遂成为一种时尚。

据调查，人们对第二角色文化大体上持肯定态度。根据问卷调查结果，64.9% 的人对第二角色文化表示肯定，回答否定的仅有 7%。对第二角色持肯定的理由主要有表现不同的自我（53.1%）、发现新的自我（41.0%）、实现在现实中放弃的梦想和兴趣（30.2%）等。回答者的 16.3% 表示自己有第二角色，56.3% 的人表示自己现在虽没有但今后会拥有，显示了对拥有第二角色的兴趣。

第二角色一词最近虽备受关注，但已有很多第二角色在元宇宙中表现人格角色，并以第二角色活动着。最重要的是这种现象急剧增加、演化，正在创造出新变化。

在元宇宙中用第二角色生活的人们

若用元宇宙类型来区分，近似于生活记录的油管、虚拟世界服务的领军企业罗布乐思分别成立于 2005 年和 2004 年。这两个企业成立至今已过去了 15 年，其间一直在为不懈寻找自己人格角色的人们提供表现的生产平台，支持通过数字创作活动随心所欲地表现自己。

自 2005 年开始提供服务的油管现在在全世界拥有 20 亿以上的用户，平均每天有 1 亿个视频上传至油管，相当于每分钟有 400 小时的视频被上传至油管，全球用户每天花在油管上的时间超过十亿个小时。韩国有 83% 的人使用油管，在油管上可以叫作“第二角色”的频道数达 2 430 万个。在油管上，人们展示在产业和社会所有领域活动的自己，同时也可以挣钱。实际上用油管创造收益的频道数，美国约 49.6 万个，印度 37.9 万个，巴西 23.6 万个，印尼 19.2 万个，日本 15.4 万个，俄罗斯 13.1 万个，韩国 9.8 万个。很多油管主播（YouTuber）在元宇宙中赚取收入，他们的线上活动与线下相结合，来往于虚拟与现实之间，表现着自己的人格角色，创造着新价值。

罗布乐思平台月度用户数达 1.66 亿，平均每天有 3 713 万名用户登陆，同时在线人数 570 万，每人每次平均使用时间 2 小时 26 分钟。罗布乐思的竞争力在于它众多的用户。用户直接制作游戏，可以叫朋友来玩。有趣的游戏被卖掉，制作游戏的人就会挣到钱，就像是游戏界里的油管。罗布乐思给 Z 世代提供了游戏生产平台“罗布乐思工作室”，让他们用游戏来表现自己，很多游戏用这种方式被创作出来。以 2020 年年底为准，在罗布乐思中制作游戏的人数达 800 万，这些人累计制作完成的游戏超过 5 000 万款。在这个平台上，人们制作了各种类型的游戏，也召开了虚拟音乐会。

罗布乐思虽说是个游戏平台，但 Z 世代在这里也进行着很多沟通。罗布乐思 2020 年以 3 000 名青少年用户为对象开展的调查结果显示，62% 的用户在罗布乐思上的主要活动是对话而非游戏，他们在沟通中以多种方式来表现自己的人格角色。

在罗布乐思上有一款很有人气的游戏叫《越狱犯与警察》，它是由一名叫作亚历克斯·巴尔潘兹的学生制作的。他从 9 岁开始就与在罗布乐思上认识的朋友一起埋头开发游戏，2017 年高中三年级时推出了这款游戏。《越狱犯与警察》游戏的累计用户已超过48亿人，游戏中的装备销售收入达数十亿韩元。亚历克斯·巴尔潘兹现在在杜克大学攻读计算机科学。

2020年的统计显示罗布乐思向游戏研发人员派发了3.29亿美元的收益。美国风险投资企业“美利科技”的经营董事克雷格·谢尔曼评价说，罗布乐思就像与油管类似的平台，构建在罗布乐思的经济结构与现实世界的职业相连接，所以具有很高的收益率。美国CNBC报道说，2020年罗布乐思的127万研发人员所挣到的平均收益是1万美元，排名靠前的300人为10万美元以上。

人们会去慢慢地适应元宇宙。2018年成立的元宇宙生活平台ZEPETO在不到两年的时间内，用户就超过了2亿人。在ZEPETO有一个“ZEPETO工作室”，可制作衣服、鞋子、虚拟空间（MAP）等各种装备和空间。用户们通过这个工作室制作装备销售来挣钱，利用ZEPETO工作室来制作装备的人已超70万，制作出的装备达200万件。ZEPETO内已有2万多个虚拟空间，用户制作的装备被卖掉2 500万件以上。ZEPETO中被卖掉装备销售收入的80%是在ZEPETO工作室中制作完成的。ZEPETO发展越好，这个比重就会越低。ZEPETO还计划再推出新工作室，也就是游戏。像罗布乐思一样，用户可以在ZEPETO制作游戏，也可销售。

由于元宇宙的发展，第二角色将迎来新机遇。新元宇宙平台正在持续升级亮相。随着元宇宙从2D画面升级到3D空间，元宇宙中将诞生更多线下无法想象的职业，元宇宙生产平台将逐渐趋于多元。用户们将利用这种平台，实际地赚钱，用这些钱来往、生活于虚拟和现实之间。人们用不同的元宇宙生产、制作平台，制造新的数字作品来销售，创新“人间 × 空间 × 时间”。因此，虚拟与现实互动，共同进化，共同发展。这种现象向全产业和社会领域扩散，创造出新价值。这正是在元宇宙中发生着的事情。

元宇宙时代的热门职业

正如产业革命和互联网革命一样，在新的革命时代传统职业很容易被新职业取代。在 NAVER 的 ZEPETO 上活动的创作者雷志是一名虚拟衣类设计师，他在元宇宙平台上制作销售虚拟化身服装。起初雷志在 ZEPETO 工作室仅是尝试制作想穿的衣服，不知不觉间竟成了一种职业。雷志仅在 2021 年 3 月间就创造了 1 500 万韩元的收益。在通过第二角色实现梦想的空间 ZEPETO 上，雷志也以虚拟职业实现了自己的人生梦想。雷志制作的衣服正实时向全世界销售出口。

初创企业“Closet Connect”是一家销售虚拟时装布料和辅料的公司，从不同质感和色感的原料、辅料中挑选自己喜欢的面料后购买，就可以使用在虚拟商品上。在元宇宙中需要很多虚拟空间，目前就有这样的建筑师，事先构建好人们偏爱的空间并出售。作为与元宇宙有关的职业，元宇宙专家凯西・哈克介绍了一个叫作全息图遗产律师的职业。全息图是一种看起来像实物一样的影像技术，可以将已经离开这个世界的人召唤到舞台上来。全息图遗产律师要做的工作就是去判断死者有无将形象用全息图来体现的意图，或是确认故人在死亡之前是否接受全息图。

今后现实中的职业将能以不同的形式在元宇宙中转换，也将产生很多仅在元宇宙中存在的新职业，2D 网页时代的博主、油管主播等创作者将转换为元宇宙时代的创作者。正如油管创造了油管主播这个新职业，给人们提供了很多机遇一样，新的元宇宙平台上个人创造的革新也将持续。ZEPETO 与 DIA TV 合作，正在强化内容与创作者的倍增效应。油管的创作者们进军 ZEPETO，ZEPETO 的网红进军油管，就是一种相互合作的模式。现实是否很压抑？让我们超越现实，在元宇宙中尝试发挥能力吧！到元宇宙中去寻找新机遇吧！在元宇宙中实现的梦想将再次连通现实。

让我们来推进 Metauniverse Shot 吧

1957 年苏联成功发射了第一颗人造卫星斯普特尼克 1 号，美国人受到很大冲击，推出了登月计划。当时肯尼迪说：“为了更好地观察月球，与其提高望远镜的性能，不如建造能直接到月球的太空飞船。我们将在 60 年代结束之前将人送上月球。”为了实现这个愿景和任务，美国新设了美国航空航天局，为了达成这个目标，很多机构达成了合作，进行技术融合，共同推动将人送上月球的“阿波罗计划”。美国在 1969 年第一次将人送上月球。Moon Shot 项目就是从这里开始的，谷歌自己制定、挑战了 Moon Shot 这个项目，现在正在执行。谷歌设立了一个叫作“谷歌 X”的机构，设定改变人类未来的巨大目标，并寻找解决这个目标的创意，发起新的挑战。“谷歌 X”项目中众所周知的企业就是 Waymo 公司。以“谷歌 X”内无人驾驶项目起步，现在另外成立了公司，命名为“字母表”（Alphabet）。

在现实中不可能的事情，在元宇宙革命时代，是可以想象和实现的，用完全不同的视角来探索现在的问题。正如爱因斯坦所说，今天世界上存在的问题，用造成这些问题水平的思维是无法解决的。让我们抛弃传统固有观念，来到元宇宙中展开遐想吧！不要设法在现实中努力去更好地观察元宇宙，而是大胆地深入到元宇宙中来吧！树立起 Metauniverse Shot 的愿景和目标吧！为了达成这个愿景和目标，让我们向 4I 看齐！尽管这些愿景和目标目前还比较模糊，但让我们学会环视四周地奔跑吧！请国家、企业、个人都来确定自己的 Metauniverse Shot 吧！让我们瞄准目标，在那里迎接新的元宇宙吧！

参考文献

一、登陆元宇宙

1 .아시아경제(2021.4.20), “기업분할 SKT…박정호 메타버스 기업으로 간다.”

2 .www.abc7news.com, “Blockeley University hosts virtual commencement on Minecraft for UC Berkeley students”.

3 .www.mbcsportsplus.com, “가상공간 ‘메타버스’에서 출정식을? 한화의 파격, 사이버 공간까지 진출”.

4 .조선일보(2021.05.07), “DGB 금융지주 경영진 메타버스로 가상회의 진행”.

5 .PwC(2019), “Seeing is Beliveing”.

6 .Acceleration Studies Foundation(2007), 양광호(2006), 류철균(2007)의 내용을 종합하여 저자 정의; 이승환, 「비대면 시대의 Game changer, XR」, 2021 ICT 산업전망 Conference, 2020.

7 .사이버펑크란 컴퓨터에 익숙하면서 기존 사회 체제나 가치들에 반항하는 정서를 지닌 젊은이들, 또는 그들의 스타일을 의미한다.

8 .Acceleration Studies Foundation(2006), “Metaverse Roadmap, Pathway to the 3D Web”.

9 .Ark Investment Management(2021.1) “Big Ideas Report 2021”.

10 .동아 비지니스 리뷰(2016.8), "원초적 재미에 빠진 AR/VR 산업현장, 고객체험의 툴이 돼야 산다".
11 .Steven Johnson(2016), "Wonderland: How Play Made the Modern World".
12 .www.elec4.co.kr, "VR, 파괴되는 가상과 현실의 경계"(2015.9.7.).
13 .중앙일보(2008.9.23.) "세계 최초, 한국 최초의 게임들".
14 .아주경제(2021.02.03.) "이번엔 부활할까? 싸이월드 22년 흥망성쇠".
15 .중앙일보(2021.04.03.), "아바타끼리 연애하고 회사도 만든다. 메타버스 플랫폼 제페토의 미래".
16 .NonFungible, L'ATELIER, "Non-fungible tokens yearly report 2020".
17 .CryptoArt.io.
18 .블로터(2020.10.19.), [블록먼데이] "NFT서 미래 봤다"… '더샌드박스'가 꿈꾸는 블록체인 게임.
19 .Coindesk Korea(2021.4.1.), "NFT시장 급성장, 커지는 위작·저작권 분쟁".

二、元宇宙革命

1 .Samsung Newsroom(2016.06.08.), "웨어러블 기기, 그 진화의 끝은".
2 .KITA Market Report(2021.03.03.), "2020년 웨어러블 디바이스 시장 동향".

3 .Facebook(2021.03.18.), “손목 위의 HCI: 차세대 컴퓨팅 플랫폼을 위한 손목 기반 상호작용”.

4 .Facebook(2021.03.18.), “손목 위의 HCI: 차세대 컴퓨팅 플랫폼을 위한 손목 기반 상호작용”.

5 .LG CNS(2018.03.14.), “AR, 스마트폰이 사라질 세계를 예언하다.”

6 .Bresnahan, T. F. and M. Trajtenberg (1995), “General Purpose Technologies-Engines of Growth?,” Journal of Econometrics , Vol.65, No.1, 83-108.

7 .IHS(2017), “The 5G Economy: How 5G Technology will Contribute to the Global Economy,”; KT경제경영연구소(2018) “5G의 사회경제적 파급효과 분석”

8 .Innovate UK(2018) “Immersive Economy in the UK”.

9 .PWC(2019), “Seeing is Believing : How VR and AR will transform business and the economy”.

10 .Christiaan Hogendorn & Brett, “Infrastructure and general purpose technologies: a technology flow framework”, Frischmann European Journal of Law and Economics volume 50, pages 469–488(2020); KT경제경영연구소(2018) “5G의 사회경제적 파급효과 분석”.

11 .B. Joseph Pine II and James H. Gilmore, “Welcome to the Experience Economy”, Harvard Business Review July-August 1998.

12 .LG CNS(2013.11.18.), “당신이 경험한 오늘은?”

13 .영국의 Innovate UK는 실감경제를 실감기술(Immersive Technology)을 적용하여 산업, 사회, 문화적 가치를 창출하는 경제로 정의하고 있다.

14 .관계부처 합동(2020), “가상융합경제 발전전략; 가상융합경제의 개념은 영국 Innovate UK가 정의한 실감경제(Immersive Economy)와 유사하다”.

15 .John Dewey(1938), Experience and Education, New York: Simon & Schuster Inc, 35, 42 ; 상호작용의 원리는 경험의 주체와 환경이 어느 한쪽에서만 작용을 가하는 것이 아닌 상호작용하여 결합됨으로써 성립된다는 의미이며, 연속의 원리란 모든 경험은 앞에서 이루어진 경험에서 무엇인가를 받아 얻는 동시에, 뒤따르는 경험의 질을 어떤 방식으로든지 변경시킨다는 것을 의미한다.

16 .Qualcomm Technologies(2018), “The mobile future of augmented reality”; Grigore Burdea and Philippe Coiffet, “Virtual Reality Technology”, John Wiley & Sons, 1993.

17 .미디어 풍요성: 매개된 커뮤니케이션 상황에서 많은 정보를 얼마나 다양한 단서를 통해서 전달할 수 있는가 하는 미디어의 능력을 의미(Datf, et al., 1986).

18 .Daft, R.L.; Lengel, R.H. (1984). Cummings, L.L.; Staw, B.M. (eds.). “Information richness: a new approach to managerial behavior and organizational design”. Research in Organizational Behavior. 6: 191–233. Daft, R.L.; Lengel, R.H. (1986). “Organizational information requirements, media richness and structural design”. Management Science. 32 (5): 554–571.

19 .Allan Pease, Barabara Pease, The Definitive Book of Body Language, The Orion Publishing Group Ltd., 2006.

20 .김선호 외(2016), “VR 저널리즘 연구”.

21 .GamesBest(2021.1.28.), “The metaverse will feel alive once ‘storytelling’ becomes”.

22 .Gallagher, S. (2000). Philosophical concepts of the self: Implications for cognitive sciences. Trends in Cognitive Sciences, 4, 14–21.

23 .M Botvinick, J Cohen, Rubber Hands ‘Feel Touch’ That Eyes See, NATURE, VOL 391, 19 FEBRUARY 1998.

24 .Petkova, V. I., & Ehrsson, H. H. (2008). If I were you: perceptual illusion of body swapping. PloS one, 3(12), e3832.

25 .김진서 등, “휴먼 케어를 위한 초실감 감성 상호작용 기술”, 전자통신동향분석 제36권 제1호 2021년 2월.

26 .Porter, Michael E., and James E. Heppelmann, “Why Every Organization Needs an Augmented Reality Strategy.”, Harvard Business Review 95, no. 6 (November–December 2017): 46–57.

27 .Edgar Dale(1946,1954,1969), Audio-visual methods in teaching. New York: Dryden Press.

28 .Edgar Dale(1946,1954,1969), Audio-visual methods in teaching. New York: Dryden Press ; Porter, Michael E., and James E. Heppelmann, “Why Every Organization Needs an Augmented Reality Strategy.”, Harvard Business Review 95, no. 6(November–December 2017): 46–57.

29 .DMC XR 기술세미나(2021), “Next Media, KT Immersive Media의 현재와 미래”.

30 .인크루트 보도자료(2020.4.14.), 성인남녀 절반 이상, “코로나 블루 경험했다”.

31 .Linville, P. W. (1985). Self-complexity and affective extremity: Don't

put all of your eggs in one cognitive basket. Social Cognition, 3, 94-120. ; Linville, P. W. (1987). Self-complexity as a cognitive buffer against stress-related illness and depression. Journal of Personality and Social Psychology, 52, 663-676.

32 .Bloter(2020.05.08.), "증강현실 글래스 시장잠재력을 낙관하는 이유".

33 .Blooloop(2020.11.18.), "Disney is creating a 'theme park metaverse' using AI, AR and IoT".

34 .매일경제(2020.11.22.) "2~3년 뒤에 가상현실이 새 플랫폼이 된다".

35 .IT조선(2021,2.27) "할리우드 맞먹는 승리호 CG 비결은 R&D".

36 .Deloitte, Soul Machines, Unreal Engine, 박민영(2021)의 내용을 종합하여 저자 정의.

37 .Allan Pease, Barabara Pease, The Definitive Book of Body Language, The Orion Publishing Group Ltd., 2006.

38 .전문교육 없이도 광범위한 영역에서 저렴한 비용으로 비즈니스 프로세스, 경제 분석 등 전문 분야에 접근 가능.

39 .Marketsandmarkets(2020.7.) "Global Forecast to 2025".

40 .Anthony J. Bradley(2020.8.10.), "Brace Yourself for an Explosion of Virtual Assistants", Gartner Blog.

41 .Virtway, Teooh, Rumii, MeetingRoom, ENGAGE, Dream, Frotell Reality, MeetinVR, VirBELA, The Wild, Sketchbox, VIZIBLE, AltspaceVR, logloo, Meeting Owl, Spatial, Glue 등.

42 .T Times(2020.10.22.) "1년 만에 유니콘 건너뛰고, 2조 원 회사 된

호핀”.

43 .조선비즈(2020.5.14.), “AR로 회의 하세요”…스페이셜, 원격 회의 솔루션 무료 공개.

44 .아직 홀로렌즈 등의 가격이 고가로 형성되어 있어 평균가격은 다소 높으나, 최근 출시된 ‘오큘러스 퀘스트2’의 가격은 299$까지 하락하여 평균가 차이가 존재.

45 .The Gamer(2021.2.2.) “Oculus Quest 2 Sells 1.4 Million Units In Q4 2020”.

46 .www.bloter.net “SKT ‘오큘러스 퀘스트2’ 재입고 4분 만에 완판 … 인기 비결은?”.

47 .Upload VR(2021.3.3.) “Oculus Quest 2 Is Now The Most-Used VR Headset On Steam”.

48 .www.bloter.net “SKT ‘오큘러스 퀘스트 2’ 재입고 4분 만에 완판 … 인기 비결은?”.

49 .Roadtovr(2021.1.27.) Zuckerberg: Quest 2 “on track to be first mainstream VR headset”, Next Headset Confirmed.

50 .Mashable(2020.9.17) “Oculus Quest 2 review: VR finally goes mainstream”.

51 .조선일보(2022.03.22.) “42조 원 가치, 로블록스…게임 만들고 친구와 즐겨”.

52 .UPLOADVR(2021.04.04.) “Why Sony’s VR Ambitions May Outgrow Play Station”.

53 .www.oculus.com(2021.2.2.), “FROM BEAR TO BULL: HOW OCULUS QUEST 2 IS CHANGING THE GAME FOR VR”.

54 .Spatial Web 특허를 메타버스로 총칭하여 해석하였으며, Acceleration Studies Foundation(2006)은 “Metaverse Roadmap, Pathway to the 3D Web” 에서 표현한 것처럼 메타버스와 3D Web, Spatial Web을 유사 개념으로 언급.

55 .Techcrunch.com(2018.8.30.) “Apple buys Denver startup building waveguide lenses for AR glasses” .

56 .www.bloomberge.com(2020.05.15.), “Apple Acquires Startup NextVR that Broadcasts VR Content” .

57 .Wallstreet Journal(2020.05.14.), “Apple Buys Virtual-Reality Streaming Upstart NextVR” .

58 .CNN(2021.1.27.) “Microsoft patented a chat bot that would let you talk to dead people. It was too disturbing for production” .

59 .전자신문(2021.01.13.) “반지의 제왕 애플, 스마트 링 특허 등장” ; theguru(2021.01.05.), “애플, VR 장갑 특허 획득… ‘메타버스’ 시대 준비” .

60 .VRSCOUT(2021.01.26.) “HaptX Launches True-Contact Haptic Gloves For VR And Robotics” ; VRFOCUS(2020.10.09.) “The Virtuix Omni One Is A Consumer VR Treadmill For 2021” .

61 .ARK Investment(2021) “Big idea 2021” .

62 .대신증권(2019) “VR/AR 스마트폰 이후의 파괴적 혁신” ; 스타트업 자본 조달 사이클은 생애주기에 따라 크게 Seed, A,B,C로 나누어지고, C이후에는 공모 시장 진출에 근접했다는 뜻에서 Pre-IPO 또는 Pre-exit으로 불림.

三、元宇宙与创新

1 .Accenture(2019), “Waking up to a new reality : Building a responsible future for immersive technologies”.

2 .IDC(2019) “The Impact of Augmented Reality on Operations Workers”.

3 .동아사이언스(2019.11.13.), “미래 공장은 무엇으로 구성될까?”.

4 .매일경제(12.20), “VR 공간에 모인 전 세계 개발자들… 가상융합기술로 新車 기획도”.

5 .폴리뉴스(2019.12.10.), “가성비 극대화, 쇼루밍족 vs 역쇼루밍족 통해 본 쇼핑 트렌드는?”.

6 .Accenture(2020.9.), “Try it. Trust it. Buy it.: Opening the door to the next wave of digital commerce”.

7 .vertebrae(2020), “eCommerce Evolves Due to Consumer Demands: Immersive Experiences with 3D & AR Emerge”.

8 .CTECH(2020.5.31.), “Zeekit’s Virtual Fitting Rooms Replaced Asos’s Fashion Shoots During Covid-19 Crisis”.

9 .Market&Market 전망자료.

10 .한국경제(2020.6.16.), “AR로 가상 메이크업…佛 로레알, 온라인 매출 53% 급증”.

11 .WWW.dhl.com, “DHL, 물류 현장의 디지털화 실현! 스마트 안경을 통한 물류 솔루션, ‘비전 피킹’ 기술 선보여”.

12 .이데일리(2021.5.26.), “신대륙 메타버스로 향하는 유통업체들 이제 시작”.

13 .본사 기준.

14 .미디어 오늘(2020.5.16.), “KBS·MBC 광고 매출 추락, 바닥이 없다”.

15 .Eric Krokos, Catherine Plaisant, Amitabh Varshney “Virtual memory palaces: immersion aids recall” Virtual Reality, Published online 16 May 2018, Springer-Verlag London Ltd., part of Springer Nature 201811 .W.

16 .소프트웨어정책연구소(2020), 글로벌 XR 최신동향 및 시사점.

17 .PwC(2020.6.25.), “The effectivness of Virtual Reality Soft Skills Training in the Enterprise”.

18 .www.ciokorea.com(2018.6.15), “실제 항공사고를 완벽 재현, 세계 최대 항공대의 VR 활용법”.

19 .www.fortunekorea.co.kr(2019.3.5.), “수술실의 현실이 된 가상현실”.

20 .www.fortunekorea.co.kr(2019.3.5.), “수술실의 현실이 된 가상현실”.

21 .Forbes(Mar 9, 2020), “Virtual Reality For Good Use Cases: From Educating On Racial Bias To Pain Relief During Childbirth”.

22 .www.kozminski.edu.pl.

23 .NEWSIS(2020.10.27.), ‘메타 퍼포먼스: 미래극장’은 “게임+콘서트+체험의 골때리는 공”.

24 .매일경제(2020.4.8.), “핸들 잡고, 사이클 타고…가상공간에서 한판 붙자.”

25 .서울경제(2020. 5.24), “카트라이더 응원도 VR로 즐겨라”.

26 .중앙일보(2020.4.26.) “코로나가 바꾼 LoL결승전…아바타 응원에

VR 생중계”.
27 .동아일보(2020.613), “젊은 세대 열광 e스포츠, 올림픽 문 열 수 있을까?”
28 .Forbes(2020.4.27.), “Ranked: The World’s 15 Best Virtual Tours To Take During Coronavirus”.
29 .조선일보(2020.4.7.), “코로나 19에 따른 재택 갑갑증 VR여행으로 푼다”.
30 .매일일보(2020.9.28.), “건설중개 업계는 이미 언택트 활발”.

四、元宇宙推动社会形态改变

1 .서울신문(2018.12.23.), 달콤한 사이언스, 다 큰 어른들이 산타를 믿는다고?
2 .KBS NEWS(2020.05.28.), “미국의 불편한 진실…끝나지 않는 인종차별”.
3 .indiewire(Aug 28, 2019), ‘Traveling While Black’: Roger Ross Williams VR Doc Reclaims ‘Green Book’ Narrative.
4 .Domna Banakou et al, “Virtual Embodiment of White People in a Black Virtual Body Leads to a Sustained Reduction in Their Implicit Racial Bias” Frontier in Human Neuroscience, 29. Nov, 2016.
5 .Forbes(Feb12, 2020), “Automated Virtual Reality Therapy Pioneer Oxford VR Secures Record $12.5 Million Investment”.
6 .Forbes(Feb12, 2020), “Automated Virtual Reality Therapy Pioneer

Oxford VR Secures Record $12.5 Million Investment”.
7 .Science Times(2016.1.15.), “현실로 다가온 가상현실 치료법”.
8 .www.bloter.net, “장애치료를 돕는 따뜻한 가상현실”.
9 .Science Times(2016.1.15.), “현실로 다가온 가상현실 치료법”.
10 .www.media.dglab.com, “VR利用で吃音症を改善するアプリ「Domolens」が描く未来”.
11 .The science times(2005.09.07.), “눈과 시각, 빛으로 보는 세상”.
12 .노컷뉴스(2017.08.03.), “2050년 시각장애인 숫자 지금의 3배로 증가할 것”.
13 .www.vrscout.com, “Denmark Is Turning To VR To Combat Teen Drinking Problem”(2019.3.18).
14 .www.vrscout.com, “NYPD Uses Location-Based VR For Active Shooter Training”.
15 .김한섭 외(2018), “가상현실 기반 범죄 프로파일링 시뮬레이션 교육 및 평가 시스템”.
16 .www.news.kddi.com, “JR西日本における「VR(仮想現実)」による災害対策ツールの概要について”.
17 .LGCNS(2018.11.13.) “물리적 세계와 디지털 세계의 통합”.

五、元宇宙并非完美方案

1 .과학기술정책연구원(2015), “이머징 기술의 위험에 대한 회복력 관점에서의 대응방안”.

2 .Anderson, Stuart and Massimo Felici(2012), Emerging Technological risk, Springer London.

3 .www.huffingtonpost.kr(2017.1.24.), “지난주 저는 가상현실에서 성추행을 당했습니다.”

4 .Upload VR(2016.10.25.), “Dealing with Harassment in VR”.

5 .조선일보(2021.4.22.), “벗어봐 초등학생들 가상현실서 아바타 성희롱”.

6 .www.econovill.com(2019.6.19.), “국내 성인 콘텐츠 규제 또다시 갑론을박 왜?”

7 .2019년 기준, 태블릿 포함.

8 .www.ajunews.com(2019.04.10.), “5G 덕후 기다리는 성인용 콘텐츠 시장”.

9 .https://copyright.newsnstory.com, “배워봅시다, 딥러닝과 만난 가짜, 딥페이크(Deepfake)”.

10 .Ruben Tolosana et al, Deepfakes and Beyond: A Survey of Face Manipulation and Fake Detection. Journal of latex class files, Vol. 13, No. 9, March 2016.

11 .소프트웨어정책연구소(2020), “빅데이터로 본 딥페이크, 가짜와의 전쟁”.

12 .한국경제(2021.2.28), ‘그것이 알고 싶다’ 소름 끼치는 딥페이크 기술 “손이 부들부들”.

13 .국가정보원(2021.05.26.) “국제범죄 알리미, 신종사이버 사기 딥페이크 주의”.

14 .www.wsj.com(Aug. 30, 2019), “Fraudsters Used AI to Mimic CEO’s

Voice in Unusual Cybercrime Case”.

15 .한국일보(2021.4.4.) “페이스북이 또…5억 여명 이름, 전화번호 유출”.

16 .Jeremy Bailenson(2018.8.6.), “Protecting Nonverbal Data Tracked in Virtual Reality” JAMA Pediatrics.

17 .Nature research, Scientific reports, “Personal identifability of user tracking data during observation of 360-degree VR video”.

18 .ITIF (2021), “Balancing User Privacy and Innovation in Augmented and Virtual Reality.

19 .www.eff.org “If privacy dies in VR, It dies in real life”.

20 .한국저작권위원회(2021), “NFT를 둘러싼, 최근 이슈와 저작권 쟁점”.

六、元宇宙重构战略

1 .동아사이언스(2020.01.17.), “공룡 대멸종 원인은 소행성 충돌…화산 폭발 아냐”.

2 .동아비지니스 리뷰(2017.11), “무대, 대사, 플롯도 없는 기괴한 공연? 참여와 소통으로 놀라운 몰입감 제공하다.”

3 .머니투데이(2021.05.29.), “부캐 놀이터” 된 메타버스, Z세대가 열광하는 이유.

4 .www.businessinsider.com(2020.11.17.), A ton of industries are selling things Gen Z doesn't care about, like alcohol, razorblades, and even cars.

5 .이코노믹리뷰(2019.03.31.), “채용, 교육에 가상현실 도입기업 급증”.

6 .머니투데이(2019.03.05.), 빅히트 엔터테인먼트, ② 빅히트의 결정들.

7 .The OECD 2019 Digital Government Index.

8 .행정안전부(2020.10.16), “대한민국, 제1회 경제협력개발기구 (OECD) 디지털정부평가 종합 1위”.

9 .Steven Johnson, Wonderland: How Play Made the Modern World, 244-255.

10 .Charles Dickens, Household Words, Vol. 1, 1850, 73-77.

11 .Steven Johnson, Wonderland: How Play Made the Modern World, 244-255.

12 .www.cutimes.com, “Virtual Reality Banking Gamifies GTE Financial”.

13 .The Association of the United States Army(2020), “The Synthetic Training Environment”.

14 .U.S. Army(2019.10.8.), “Army testing synthetic training environment platforms”.

15 .European Commission(2021.4.21), Proposal for a REGULATION OF THE EUROPEAN PARLIAMENT AND OF THE COUNCIL LAYING DOWN HARMONISED RULES ON ARTIFICIAL INTELLIGENCE (ARTIFICIAL INTELLIGENCE ACT) AND AMENDING CERTAIN UNION LEGISLATIVE ACTS.

16 .Anthony J. Bradley(2020.8.10.), “Brace Yourself for an Explosion of Virtual Assistants”, Gartner Blog.

17 .잡코리아, 멀티 페르소나 설문 조사결과.

18 .잡코리아와 알바몬의 부캐 문화 열풍 조사결과.

19 .복수 응답 결과.

20 .유튜브 수익 창출 채널은 구독자 1,000명과 연간 누적 시청시간 4,000시간을 통해 광고를 붙일 수 있는, 사실상 전업 유튜버 채널을 의미.

21 .유튜브 통계분석 전문업체인 "플레이보드" 자료 기반.